Corporate Risk Management

Lizenz zum Wissen.

Sichern Sie sich umfassendes Wirtschaftswissen mit Sofortzugriff auf tausende Fachbücher und Fachzeitschriften aus den Bereichen: Management, Finance & Controlling, Business IT, Marketing, Public Relations, Vertrieb und Banking.

Exklusiv für Leser von Springer-Fachbüchern: Testen Sie Springer für Professionals 30 Tage unverbindlich. Nutzen Sie dazu im Bestellverlauf Ihren persönlichen Aktionscode C0005407 auf *www.springerprofessional.de/buchkunden/*

Jetzt 30 Tage testen!

Springer für Professionals.
Digitale Fachbibliothek. Themen-Scout. Knowledge-Manager.

- Zugriff auf tausende von Fachbüchern und Fachzeitschriften
- Selektion, Komprimierung und Verknüpfung relevanter Themen durch Fachredaktionen
- Tools zur persönlichen Wissensorganisation und Vernetzung

www.entschieden-intelligenter.de

Springer für Professionals

Holger Wengert • Frank Andreas Schittenhelm

Corporate Risk Management

 Springer Gabler

Holger Wengert
Duale Hochschule
Baden-Württemberg Stuttgart,
BWL Finanzdienstleistungen
Stuttgart
Deutschland

Frank Andreas Schittenhelm
Hochschule für Wirtschaft und Umwelt
Nürtingen-Geisingen,
Fakultät Betriebswirtschaft und
Internationale Finanzen
Nürtingen
Deutschland

ISBN 978-3-642-36688-8   ISBN 978-3-642-36689-5 (eBook)
DOI 10.1007/978-3-642-36689-5

Die Deutsche Nationalbibliothek verzeichnet diese Publikation in der Deutschen Nationalbibliografie; detaillierte bibliografische Daten sind im Internet über http://dnb.d-nb.de abrufbar.

Springer Gabler
© Springer-Verlag Berlin Heidelberg 2013
Das Werk einschließlich aller seiner Teile ist urheberrechtlich geschützt. Jede Verwertung, die nicht ausdrücklich vom Urheberrechtsgesetz zugelassen ist, bedarf der vorherigen Zustimmung des Verlags. Das gilt insbesondere für Vervielfältigungen, Bearbeitungen, Übersetzungen, Mikroverfilmungen und die Einspeicherung und Verarbeitung in elektronischen Systemen.

Die Wiedergabe von Gebrauchsnamen, Handelsnamen, Warenbezeichnungen usw. in diesem Werk berechtigt auch ohne besondere Kennzeichnung nicht zu der Annahme, dass solche Namen im Sinne der Warenzeichen- und Markenschutz-Gesetzgebung als frei zu betrachten wären und daher von jedermann benutzt werden dürften.

Lektorat: Stefanie Brich

Gedruckt auf säurefreiem und chlorfrei gebleichtem Papier

Springer Gabler ist eine Marke von Springer DE.
Springer DE ist Teil der Fachverlagsgruppe
Springer Science+Business Media
www.springer-gabler.de

Es kommt nicht darauf an, die Zukunft vorauszusagen, sondern auf sie vorbereitet zu sein.
Perikles (490 v. Chr. – 429 v. Chr.), General und Politiker Athens

Vorwort

Die wissenschaftliche und praktische Auseinandersetzung mit dem Thema Risikomanagement hat in den letzten Jahren deutlich zugenommen. Zum einen lag dies an der – zumindest gefühlten – Häufung von globalen Wirtschaftskrisen und einer Vielzahl von Unternehmenszusammenbrüchen, zum anderen an den wachsenden rechtlichen Erfordernissen auf diesem Gebiet. Die Wissenschaft vor allem im Bereich des Finanzmanagements hat mit der modernen Portfoliotheorie, dem Capital Asset Pricing Model und der Optionspreistheorie sowie deren Weiterentwicklungen Grundlagen für eine mathematisch anspruchsvolle Bewertung von Risiken geschaffen. Damit wird es möglich, auch komplexere wirtschaftliche Zusammenhänge zu erfassen. Diese Methoden sollen in diesem Buch nun möglichst für alle Unternehmen beschrieben und auf diese angewandt werden.

Das vorliegende Buch gliedert sich in vier Kapitel. Zunächst wird eine begriffliche Einordnung des Risikomanagements vorgenommen. Hierzu werden insbesondere die Schnittstellen zu Themen wie Nachhaltigkeit, Innovationsmanagement, Compliance und Corporate Governance diskutiert. Im zweiten Teil wird auf das strategische Risikomanagement als wichtiges, Rahmen gebendes Instrument eingegangen. Hier spielt die organisatorische Einbettung des Risikomanagements innerhalb des Unternehmens die herausragende Rolle, aber auch unterstützende Aspekte wie der Aufbau eines Risikohandbuchs und der Einsatz von Risikomanagement-Software werden diskutiert. Daran anschließend werden im dritten Kapitel Aspekte des operativen Risikomanagements behandelt, wobei eine Orientierung an den vier Teilaufgaben Risikoidentifikation, Risikobewertung, Risikocontrolling und Risikoüberwachung erfolgt. Ein Schwerpunkt liegt speziell in der klaren Kategorisierung der vorgestellten Methoden zur Risikobewertung und -quantifizierung. Insbesondere wird hier auf das von den Autoren entwickelte Konzept des Corporate Risk Values näher eingegangen. Das vierte Kapitel gibt schließlich einen Überblick über aufsichtsrechtliche Rahmenbedingung für den Finanzdienstleistungssektor, namentlich Basel II und III sowie Solvency II, die aber so gut wie alle Unternehmen im Markt beeinflussen.

Das vorliegende Werk wendet sich dabei sowohl an Studierende als auch an Praktiker von Unternehmen, die einen kompakten praxisbezogenen Einblick in das Risikomanagement erhalten möchten.

Die Autoren freuen sich über Verbesserungshinweise, Anregungen und Kritik.

Inhaltsverzeichnis

1 **Einführung in das Risikomanagement bei Unternehmen** 1
   1.1 Einführung in das Risikomanagement 2
   1.2 Nachhaltigkeit und Risikomanagement 4
   1.3 Innovationsmanagement und Risikomanagement 6
   1.4 Compliance und Risikomanagement 8
   1.5 Corporate Governance und Risikomanagement 8
   1.6 Weitere rechtliche Aspekte 9

2 **Strategisches Risikomanagement bei Unternehmen** 11
   2.1 Risikomanagement und Controlling 11
   2.2 Einbettung des Risikomanagements ins Unternehmen 13
   2.3 Instrumente des strategischen Risikomanagements 15
      2.3.1 Aufbau eines Risikohandbuchs 16
      2.3.2 Einsatz einer Risikomanagement-Software 18
      2.3.3 Asset-Liability-Management 20

3 **Operatives Risikomanagement bei Unternehmen** 25
   3.1 Risikoidentifikation 25
      3.1.1 Risikoarten bei finanziellen Risiken 27
      3.1.2 Risikoarten bei operationalen Risiken 31
      3.1.3 Strukturierung der Risiken mit Hilfe eines Risikoschemas 35
   3.2 Risikobewertung 36
      3.2.1 Marktrisiken (Preis- und Wertänderungen) 37
      3.2.2 Asset-Liability-Matching 52
      3.2.3 Kredit- und Ausfallrisiken 58
      3.2.4 Gesamtrisiken 65
   3.3 Risikocontrolling 78
      3.3.1 Steuerung mithilfe der Risk Map 79
      3.3.2 Steuerung mithilfe der Durationslücke 80

		3.3.3	Constant Proportion Portfolio Insurance (CPPI)	83
		3.3.4	Einsatz derivativer Instrumente	86
	3.4	Risikoüberwachung		87
		3.4.1	Risikoberichte	87
		3.4.2	Stresstests	91
4	**Solvabilität und Risikomanagement**			**95**
	4.1	Eigenkapitalvorschriften bei Banken bedingt durch Basel II und Basel III		95
	4.2	Eigenkapitalvorschriften bei Versicherungen durch Solvency II		103
	4.3	Vergleich der Aufsichtssysteme		109
Anhang				**111**
Literaturverzeichnis				**117**
Sachverzeichnis				**123**

Über die Autoren

Frank Andreas Schittenhelm ist Professor für Finanzmanagement an der Hochschule Nürtingen-Geislingen und Dozent an der Deutschen Aktuar-Akademie. Darüber hinaus hat er diverse Lehraufträge an ausländischen Universitäten und Hochschulen. Vor seiner Berufung zum Professor war er als Consultant unter anderem für das debis Systemhaus tätig. Er promovierte zum Thema Asset-Liability-Management.

Holger Wengert ist Professor und Studiengangsleiter für Finanzdienstleistungen an der Dualen Hochschule Baden-Württemberg Stuttgart. Darüber hinaus hat er diverse Lehraufträge an Hochschulen für Bachelor und Master. Vor seiner Berufung zum Professor war er in verschiedenen Funktionen u. a. im Risikomanagement der Allianz Versicherung tätig. Er promovierte zum Thema Risikomanagement.

Stuttgart/Nürtingen, im April 2013

Frank Andreas Schittenhelm
Holger Wengert

Abkürzungsverzeichnis

ABS	Asset Backed Security (Besichertes Wertpapier)
Abs.	Absatz
AktG	Aktiengesetz
ALM	Asset-Liability Management
BaFin	Bundesanstalt für Finanzdienstleistungsaufsicht
bAV	Betriebliche Altersvorsorge
b.a.w.	bis auf weiteres
Bsp.	Beispiel
CAPM	Capital Asset Pricing Modell
CDO	Collateralised Debt Obligations
COSO	Committee of Sponsoring Organizations of the Treadway Commission
CPPI	Constant Proportion Portfolio Insurance
CRC	Corporate Risk Capital
CRO	Chief Risk Officer
CRV	Corporate Risk Value
EK	Eigenkapital
EU	Europäische Union
EURIBOR	European Interbank Offered Rate
EUR	Euro
EZB	Europäische Zentralbank
Fed	Federal Reserve System
FK	Fremdkapital
ggf.	gegebenenfalls
GuV	Gewinn und Verlustrechnung
HGB	Handelsgesetzbuch (deutsche Bilanzierungsvorschrift)
IFRS	International Financial Reporting Standard (Europäische Bilanzierungsverordnung)
i. d. R	in der Regel
KonTraG	Gesetz zur Kontrolle und Transparenz im Unternehmensbereich
KWG	Gesetz über das Kreditwesen

LIBOR	London Interbank Offered Rate
MaRisk	Mindestanforderungen an das Risikomanagement
MBS	Mortgage Backed Security (Besicherte Hypothekenkredite)
MIS	Management Informationssystem
MPL	Maximum Possible Loss
NAIC	National Association of Insurance Commissioners
OTC	Over the Counter
PML	Probable Maximum Loss
RBC	Risk Based Capital – Risiko gewichtetes Kapital
RZ	Rechnungszins
S&P	Standard and Poor's
SPV	Special Purpose Vehicle (Zweckgesellschaft)
TAC	Total Adjusted Capital (gesamtes Kapital eines Versicherungsunternehmens)
TCC	Total Corporate Capital (gesamtes Kapital eines Unternehmens)
u.a.	und andere
USA	United States of America (Vereinigte Staaten von Amerika)
US-GAAP	United States General Accepted Accounting Principles (Amerikanische Bilanzierungsverordnung)
VAG	Versicherungsaufsichtsgesetz
vgl.	vergleiche
z. B.	zum Beispiel

Abbildungsverzeichnis

Abb. 1.1	Zielstruktur im Unternehmen	2
Abb. 1.2	Risikodefinition und Zielstruktur	3
Abb. 1.3	Das Innovationsdreieck	7
Abb. 2.1	Ziele des Controllings im Unternehmen	12
Abb. 2.2	Einordnung des Risikomanagements in das Unternehmen	12
Abb. 2.3	Risikomanagement in zweiter Führungsebene	13
Abb. 2.4	Risikomanagement als Vorstandsbereich	13
Abb. 2.5	Risikomanagement-Zuordnung zum Sprecher des Vorstandes	14
Abb. 2.6	Risikomanagement bei einzelverantwortlicher Organisation	14
Abb. 2.7	Risikomanagement bei funktionaler Organisation	15
Abb. 2.8	Modulare Softwarekomponenten im Unternehmen	18
Abb. 2.9	Prozess des Asset-Liability Management	21
Abb. 2.10	Anforderungen an die ALM Studie	22
Abb. 2.11	Verpflichtungsstruktur in der bAV	22
Abb. 2.12	Asset-Liability Management mit Simulationsverfahren	23
Abb. 2.13	Umsetzung einer strategischen Asset-Allokation	23
Abb. 3.1	Schema des operativen Risikomanagements	26
Abb. 3.2	Kategorisierung der Risikoarten	26
Abb. 3.3	Beispiel für Zinsstrukturkurven	28
Abb. 3.4	Kursveränderungen von Erdöl Nordsee Brent	29
Abb. 3.5	Beispiel für ein Risikoschema	35
Abb. 3.6	Übersicht der Methoden der Risikoquantifizierung	37
Abb. 3.7	Methoden der Bewertung von Marktpreisrisiken	38
Abb. 3.8	Beispiel für einen Entscheidungsbaum	40
Abb. 3.9	Wertpapierlinie und Beta β	51
Abb. 3.10	Methoden der Risikobewertung von Matching Positionen	52
Abb. 3.11	Abhängigkeit des Zinsänderungsrisikos von der Zinsreagibilität und der Zinsentwicklung	55
Abb. 3.12	Wirkung der Macaulay Duration	58
Abb. 3.13	Methoden der Bewertung von Ausfallrisiken	59

Abb. 3.14	Rating-Bewertung von Rating-Agenturen	60
Abb. 3.15	Durchschnittliche Default Rates (Ausfallwahrscheinlichkeiten) von Anleihen	61
Abb. 3.16	Methoden der Bewertung von Gesamtrisiken	66
Abb. 3.17	Abbildung des Gesamtrisikos über eine Risk Map	66
Abb. 3.18	Klassifizierung innerhalb der Risk Map	67
Abb. 3.19	Risiko und Rendite für ein Portfolio mit zwei risikobehafteten Wertpapieren A und B bei Korrelation zwischen -1 und 1	70
Abb. 3.20	Risikokategorien des CRV	75
Abb. 3.21	Transformation von unabhängigen Konfidenzniveaus auf korrelierte Konfidenzniveaus durch eine Copula-Funktion	76
Abb. 3.22	Simulationsergebnis gleichverteilter Zufallszahlen bei Clayton-Copula	77
Abb. 3.23	Risikocontrolling mit Risikoklassen	79
Abb. 3.24	Risikosteuerung mit dem Risikomanagement-Kreislauf	80
Abb. 3.25	Darstellung einer positiven Durationslücke	81
Abb. 3.26	Darstellung einer Immunisierung	81
Abb. 3.27	Hedging Positionen	83
Abb. 3.28	Profit am Ablaufzeitpunkt der Option bei einem Protective Put und Vollabsicherung	86
Abb. 3.29	Kategorien für externes Risikoreporting	88
Abb. 3.30	Beispiel für MaRisk Umsetzung	89
Abb. 3.31	Gliederung der Berichtsstrukturen	89
Abb. 3.32	Stresstest bei einem Versicherungsunternehmen	93
Abb. 3.33	Ergebnis des Stresstests bei einem Versicherungsunternehmen	94
Abb. 4.1	Auswirkung von Basel II und III auf Unternehmen	96
Abb. 4.2	Die drei Säulen von Basel II	97
Abb. 4.3	Struktur eines internen Rating-Prozesses	98
Abb. 4.4	Beispiel Gewichtung der Unternehmensunterlagen	99
Abb. 4.5	Internes Rating eines Unternehmens	100
Abb. 4.6	Aufstellung der Mindestkapitalanforderungen nach Basel III	102
Abb. 4.7	Lamfalussy-Verfahren	104
Abb. 4.8	3-Säulen-Konzept	104
Abb. 4.9	Solvenzanforderungen	105

Tabellenverzeichnis

Tab. 3.1	Barwerte der Wertpapierinvestments	46
Tab. 3.2	Einfluss diverser Inputvariablen auf Call und Put	47
Tab. 3.3	Sensitivitäten von Call und Put	48
Tab. 3.4	Sensitivitätswerte der BMW Aktie	49
Tab. 3.5	Beispiel für Schwankungsgrößen	50
Tab. 3.6	Entwicklung eines Portfolios bei einer CPPI Strategie	85
Tab. 3.7	Parameter für Stresstest BAFin	92
Tab. 4.1	Vergleich der Aufsichtssysteme	110

Einführung in das Risikomanagement bei Unternehmen

Die Finanzkrise 2008 hat zwei Themen in den betriebswirtschaftlichen Vordergrund gestellt: Risikomanagement und Nachhaltigkeit. Die unzureichende Ausprägung beider wird verantwortlich gemacht für hohe Volatilitäten an den Kapitalmärkten. Als Grund hierfür gelten Wirtschaftsskandale, exzessive Gehaltsentwicklungen und die Schuldenkrise, um nur einige zu nennen.

Der Begriff der **Nachhaltigkeit** (vgl. Kap. 1.2.) ist dabei zumeist positiver besetzt als **Risikomanagement**. Tatsächlich ist nach Ansicht der Autoren transparentes Risikomanagement aber Voraussetzung für nachhaltiges Wirtschaften. Beide Konzepte sind indes nicht neu. Das Managen, also der Umgang mit Risiken jeglicher Art, ist schon immer Bestandteil jedes wirtschaftlichen Handelns gewesen. Neu ist hingegen eine deutlich systematischere Vorgehensweise. Auch nachhaltiges Wirtschaften, wenn wir darunter die Orientierung am sogenannten 3-Säulen-Modell (triple bottom line)[1] verstehen, also die Orientierung an wirtschaftlichen, ökologischen und sozialen Verbesserungen, steht nicht im Widerspruch zu bisherigen Ansätzen. Allerdings dürfte, wie im Laufe des Buches gezeigt wird, unzureichendes Risikomanagement in den meisten Fällen Auslöser nicht nachhaltigen Wirtschaftens sein.

Die Kernaussage des vorliegenden Buches ist dabei: Durch gezieltes Risikomanagement kann ein Unternehmen seine Kapitalkosten verringern, womit wiederum der Unternehmenswert nachhaltig gesteigert wird.

---

[1] Vgl. Deutscher Bundestag (1998)

Abb. 1.1 Zielstruktur im Unternehmen (Quelle: Eigene Darstellung nach Jost 1995)

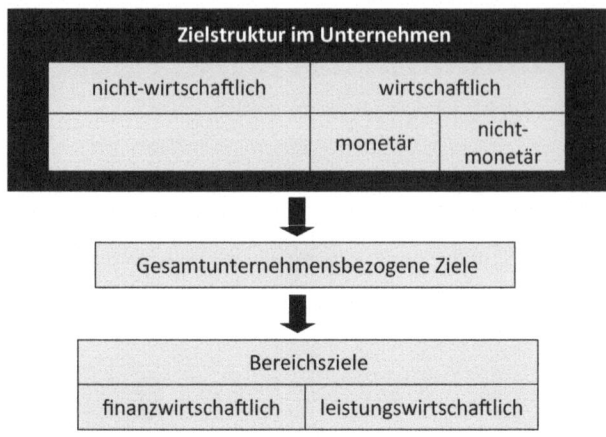

1.1 Einführung in das Risikomanagement

Risikomanagement beinhaltet die Identifikation, die Analyse und Bewertung potentieller Risiken, die die zukünftige Ertragslage eines Unternehmens verschlechtern oder sogar als Ganzes gefährden können.

Wichtigster Punkt ist zunächst die Frage: Was ist eigentlich Risiko? Der traditionelle Ansatz ist hierbei, das Risiko an den Zielen eines Unternehmens festzumachen.[2] Werden die Ziele verfehlt, so ist dies schlecht, werden die Ziele übererfüllt, so ist dies gut für ein Unternehmen. Die Ziele in einem Unternehmen kann man dabei (wie später für das Risikomanagement auch) in finanzielle und leistungswirtschaftliche (produktive) Ziele aufspalten (vgl. Abb. 1.1).

Die Ziele eines Unternehmens können unterschiedlich strukturiert sein. Nicht wirtschaftliche Ziele wie das Ansehen eines Unternehmens in der Gesellschaft und wirtschaftliche Ziele wie die Produktion sind aber in der Realität miteinander verbunden, da das Ansehen in der Regel Einfluss auf den Absatz hat und damit natürlich die Produktionsmenge beeinflusst. Auch monetäre Ziele (wie Gewinn) und nicht monetäre Ziele (wie Qualität oder Kundenzufriedenheit) beeinflussen sich gegenseitig. Eine prinzipielle Einteilung der Zielstruktur lässt sich aber dennoch vornehmen, solange die Verbindung der Strukturen zueinander dem Unternehmen bewusst ist.

Aus den im Unternehmen definierten Zielen wird dann im Folgenden das sich hieraus entwickelnde Risiko abgeleitet. Werden die Ziele erreicht, kann das Unternehmen positiv weiterplanen. Werden die Ziele dagegen verfehlt, müssen spezielle Maßnahmen ergriffen werden (Anpassungen bzw. Korrekturen). Wird das Ziel sehr stark verfehlt, kann dies im schlimmsten Fall die Existenz des Unternehmens gefährden (vgl. Abb. 1.2).

---

[2] Vgl. hierzu u. a. Jost 1995 oder Wöhe 2002.

1.1 Einführung in das Risikomanagement

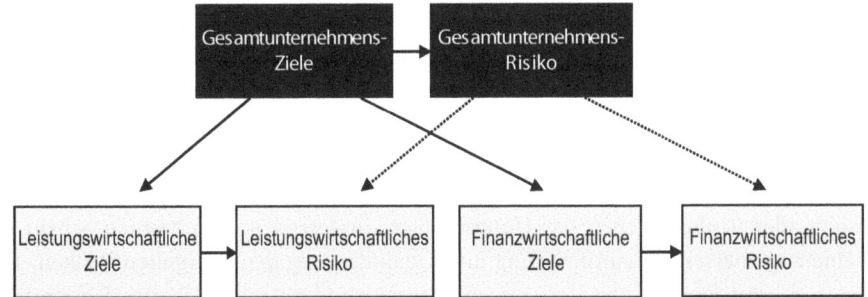

Abb. 1.2 Risikodefinition und Zielstruktur (Quelle: Eigene Darstellung nach Jost)

Die in obiger Darstellung vorgenommene Aufteilung in finanziell beeinflusste Risiken und leistungswirtschaftliche (operationale, produktive) Risiken wird nun generell in dieser Arbeit verwendet (vgl. Kap. 3.1).

In der Managementpraxis wird als Risiko alles subsummiert, was einen entsprechenden negativen Einfluss auf die Zielerreichung im Allgemeinen eines Unternehmens haben kann. Orientiert man sich an Definitionen aus der Entscheidungstheorie, so würde man hierbei allerdings von Unsicherheiten sprechen und zwischen Risiko und Ungewissheit unterscheiden. Dabei suggerieren Entscheidungen unter Risiko, dass sowohl die Auswirkungen negativer Entwicklungen als auch deren Eintrittswahrscheinlichkeiten bekannt sind. Entscheidungen unter Ungewissheit dagegen kennen diese Eintrittswahrscheinlichkeiten nicht.

Ziele des Risikomanagements im Unternehmen sind die Erfassung und Berücksichtigung aller Risiken, denen sich das Unternehmen aussetzt, die Sicherstellungen eines langfristigen (nachhaltigen) Erfolgs des Unternehmens und eine Reduktion der mit den Risiken verbundenen Kosten.

Eine wichtige Erkenntnis für das Risikomanagement ist verbunden mit einem aus dem Finanzmanagement abgeleiteten Grundsatz, dass nämlich eine Reduktion des eingegangenen Risikos bei gleicher Ertragskraft zu einer Steigerung des Unternehmenswertes führen muss. Ein Unternehmen tut demnach gut daran, auf ein sinnvolles Managen seiner Risiken zu achten und Risikokosten, die sich diversifizieren lassen, zu vermeiden. Damit wird aber auch deutlich, dass Risikomanagement nur auf den ersten Blick einen Kostenfaktor darstellt. Gezieltes Risikomanagement führt im Gegenteil zu insgesamt geringeren Kosten, da die Risiken für die Kapitalgeber (sowohl Eigen- als auch Fremdkapitalgeber) geringer werden. Geringere Kapitalkosten wiederum führen dazu, dass Investitionen profitabler werden (vgl. hierzu Kap. 3.2.1.1 und 3.2.4.2).

Risikomanagement wird zumeist in eine strategische und eine operative Komponente unterteilt. Der strategische Teil des Risikomanagements hat zur Aufgabe, Risikomanagement in alle Geschäftsprozesse zu integrieren, den grundsätzlichen Umgang mit Risiken zu definieren, aber auch den organisatorischen Rahmen für ein Risikomanagement zu schaffen. Ziele des Risikomanagements werden definiert, wobei die Schaffung von Unternehmenswert und die Erfüllung rechtlicher Normen wesentlich sind. Darüber hinaus sollten aber durch eine entsprechende Zielsetzung auch soziale und ökologische Aspekte mit aufgenommen werden.

Das operative Risikomanagement ist zumeist durch einen vierstufigen Prozess gekennzeichnet. Der erste Schritt beschreibt die Risikoidentifizierung und damit die systematische Erfassung aller Risiken, denen das Unternehmen ausgesetzt ist. Im zweiten Schritt erfolgt eine angemessene Quantifizierung und Qualifizierung der ermittelten Risiken. Die Komplexität und Fundiertheit der verwendeten Methoden ergibt sich aus den strategischen Zielen des Risikomanagements. Da Transparenz ein wichtiger Aspekt innerhalb des Risikomanagements darstellt, spielt bei der Wahl von Bewertungsmodellen auch die Verständlichkeit der Methode eine große Rolle. Ziel des Risikomanagements ist es, im gesamten Unternehmen ein Risikobewusstsein zu schaffen. Im dritten Schritt werden Maßnahmen zur Steuerung der Risiken getroffen. Grundsätzlich ergeben sich folgende Möglichkeiten: Risiken können vermieden werden, indem man beispielsweise auf bestimmte Technologien verzichtet. Risiken können reduziert werden, indem man im Sinne der Portfoliostrategie Anlagen streut und auf Diversifizierungseffekte setzt. Risikoreduktion kann aber auch im sozialen Bereich erfolgen, indem man Personalmaßnahmen ergreift, die die Mitarbeiterfluktuation im Unternehmen reduziert. Risiken können aber einfach nur begrenzt werden, indem beispielsweise Höchstgrenzen für den Einsatz nicht umweltschonender Ressourcen definiert werden. Für andere Risiken besteht die Möglichkeit von Absicherungen, dies kann von Sicherheitsdiensten zum Schutze vor Diebstahl über klassische Versicherungsprodukte bis hin zum Einsatz von Derivaten zur Absicherung von Kapitalmarktinvestitionen gehen. Schließlich können Risiken aber auch ganz bewusst eingegangen werden, wenn das Unternehmen sich in der Lage sieht, die finanziellen Lasten gegebenenfalls tragen zu können, oder weil es schlicht zum Geschäftsmodell des Unternehmens gehört. Der vierte Schritt im Risikomanagementprozess dient der Überwachung und Berichterstattung. Dieser letzte Schritt schafft schließlich die oben geforderte Transparenz und ermöglicht eine bessere Risikoeinschätzung des Unternehmens und damit eine fairere Bewertung des Risiko-Rendite-Profils.

1.2 Nachhaltigkeit und Risikomanagement

Nachhaltigkeit bzw. nachhaltiges Wirtschaften zeichnet sich dadurch aus, dass wirtschaftliche Maßnahmen nicht einseitig an Profitkennzahlen gemessen werden, sondern ebenso ökologische und soziale Aspekte berücksichtigt werden und in die Entscheidungsfindung mit eingehen.

1.2 Nachhaltigkeit und Risikomanagement

Der Begriff der **Nachhaltigkeit** kommt dabei ursprünglich aus der Forstwirtschaft.[3] Der prinzipielle Ansatz in der allgemeinen Wirtschaftstheorie ist hierzu äquivalent zu sehen. Es gibt nur eingeschränkte Ressourcen (in Form von Kapital, Rohstoffen, usw.), die es sinnvoll einzusetzen gilt. Dabei sollen die Ressourcen so eingesetzt werden, dass sie sich langfristig mit der Umwelt (Ökologie) und der Gesellschaft (Soziologie) in Einklang befinden. Der Einsatz dieser Ressourcen soll somit immer das Bewahren für die folgenden Generationen berücksichtigen. Dies führt natürlich zu erheblichen Widersprüchen, die gesellschaftlich wie auch ökonomisch gelöst werden müssen.[4]

Aus Sicht der Autoren sind hierbei zwei Betrachtungsweisen von Bedeutung. Die **volkswirtschaftliche Sichtweise** muss sich mit der Frage auseinandersetzen, inwieweit volkswirtschaftlich schädliches Verhalten (beispielsweise durch Verschwendung von Ressourcen oder Massenentlassungen) geahndet werden kann. Appelle an verantwortliches Verhalten dürften in vielen Fällen, auch vor dem Hintergrund weltweiter Konkurrenz, nutzlos verhallen, wenn durch dieses Verhalten persönliche oder unternehmerische Vorteile entstehen. Die **betriebswirtschaftliche Sichtweise** setzt sich mit der Frage auseinander, warum einzelne Marktteilnehmer (i. d. R. Management und Kapitalgeber) nicht nachhaltig agieren, obwohl dadurch Nutzen für das Unternehmen gestiftet werden könnte.

Wir wollen uns hier ausschließlich mit der betriebswirtschaftlichen Sicht auseinandersetzen, da sie eng mit einem funktionierenden transparenten Risikomanagement verknüpft ist. Management und Investoren werden nur dann gegen ein wertsteigerndes nachhaltiges Wirtschaften agieren, wenn eine der nachfolgenden Konditionen gegeben ist:

- Das Management des Unternehmens hatte falsche Anreize, um nachhaltigen Unternehmenswert zu schaffen. Dies ist insbesondere dann der Fall, wenn Gehaltskomponenten an den Aktienkurs (und damit den aktuellen Unternehmenswert) gekoppelt werden, ohne auf den langfristigen Erhalt des Unternehmenswertes zu achten. Wird darüber hinaus über Optionen eine Hebelwirkung der Gehälter geschaffen, verstärkt sich der Effekt. Letztendlich ist aber eine zumindest kurzfristige Möglichkeit zur Fehlbewertung des Unternehmens für ein Fehlverhalten des Managements verantwortlich. Ist diese Möglichkeit nicht gegeben, macht auch für das Management nur Nachhaltigkeit Sinn.
- Kurzfristige fehlerhafte Bewertungen können allerdings auch im Interesse der Investoren sein, falls die Investoren zu einem möglichst hohen Preis verkaufen möchten oder (zum Schaden Dritter) Geld aus dem Unternehmen ziehen wollen. Auslöser ist allerdings auch hier die Möglichkeit, durch unzureichende Transparenz Käufer über das tatsächliche Risiko-Rendite-Profil des Unternehmens im Unklaren zu lassen.

---

[3] Im Jahre 1713 formulierte Hans Carl von Carlowitz, Oberberghauptmann am kursächsischen Hof in Freiberg, als Erster verschiedene Grundsätze zur nachhaltigen Nutzung von Wäldern. Die hieraus abgeleitete Idee war, dass nur so viel Holz einem Wald entnommen wird, wie wieder erneut nachwächst, sodass der Wald regenerieren kann.

[4] Die Energiewende in Deutschland hin zu regenerativen Energien führt beispielsweise zu Problemen im Landverbrauch (Speicherkraftanlagen, Windräder).

Als Schlussfolgerung lässt sich ziehen, dass nur durch eine Stärkung der Transparenz innerhalb und außerhalb der Unternehmen Fehlbewertungen verhindert bzw. reduziert werden können. Diese Transparenz wird vor allem durch eine Stärkung des Risikomanagements geschaffen. Eine realistische Risikoquantifizierung führt bei allen hier vorgestellten quantitativen Modellen zu einer Adjustierung der Unternehmensbewertung.

Obige Ausführungen haben die zentrale Rolle des Risikomanagements innerhalb des nachhaltigen Finanzmanagements dargestellt. Risikomanagement erfüllt damit nicht nur den Zweck, Risiken steuern zu können, sondern ermöglicht vielmehr eine risikoadäquate Bewertung von Investitionen. Damit werden zukünftige negative Auswirkungen heutigen Handelns transparent, was wiederum kurzfristige Fehlbewertungen verhindert bzw. Möglichkeiten schafft, von außen regulativ in den Wirtschaftsprozess einzugreifen. Zusätzlich schafft Risikomanagement die Grundlage für eine risikoadäquate Entlohnung des Managements und reduziert somit das sogenannte Principal-Agent-Problem.[5]

1.3 Innovationsmanagement und Risikomanagement

Risiko spielt im Rahmen des Innovationsmanagements eine bedeutende Rolle. Innovationen sind einerseits die Quelle neuer Risiken und Unternehmen tun gut daran, bereits im Innovationsprozess Risiken zu identifizieren, zu quantifizieren und Steuerungsmaßnahmen zu antizipieren. Andererseits führt das Festhalten an alten Produkten und Prozessen und damit der Mangel an Innovationen selbst, zu einem steigenden Absatzrisiko durch Konkurrenten im Umfeld des Unternehmens. Beispielhaft sei hier Nokia genannt, das als Marktführer die Entwicklung bei Mobiltelefonen hin zu Smartphones verpasste (Abb. 1.3).[6]

Innovationsmanagement orientiert sich klassischerweise schwerpunktmäßig an wirtschaftlichen Zielen. Stöger[7] definiert Innovationsmanagement beispielsweise als: Neues zum Markterfolg führen. Drei Komponenten sind hierbei zu berücksichtigen: Eine Innovationskultur, ein Innovationsprozess und ein oder mehrere Innovationsmanager. Da alle drei in einem wechselseitigen Abhängigkeitsverhältnis stehen, ist es für Unternehmen unabdingbar, stets alle drei Komponenten gemeinsam zu betrachten.

Ein Blick in die Praxis zeigt, dass beim Aufbau eines Innovationsmanagements im Unternehmen sehr stark auf organisatorische Aspekte Wert gelegt wird. Dies beinhaltet die Definition eines ausführlichen Innovationsprozesses, den Aufbau einer entsprechenden

---

[5] Unter dem Principal-Agent-Problem versteht man die Schwierigkeit der Informationsdivergenz in Hierarchien. Normalerweise besitzt der Agent (hier das Management) einen Wissensvorsprung, der ganz unterschiedlich entweder zugunsten oder zuungunsten des Prinzipals (hier der Aufsichtsrat) eingesetzt werden kann.

[6] Vgl. http://www.focus.de/finanzen/news/mit-neuen-produkten-an-die-weltspitze-handyhersteller-nokia-gibt-imageproblem-zu_aid_840574.html. Zugegriffen: 12. März 2013.

[7] Vgl. Stöger 2011, S. 3 ff.

1.3 Innovationsmanagement und Risikomanagement

Abb. 1.3 Das Innovationsdreieck (Quelle: Eigene Darstellung in Anlehnung an Dziatzko et al. 2011, S. 47)

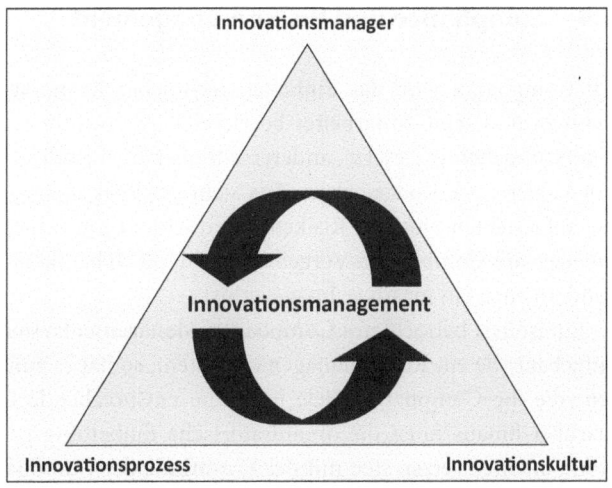

Organisationseinheit und schließlich deren Integration in die bestehende Organisationsstruktur. Software-Tools und Controlling- Instrumente dienen der Unterstützung und Koordination des Innovationsprozesses. Die Prozessdefinition muss sicherstellen, dass das Risikomanagement an geeigneter Stelle in den Entwicklungsprozess integriert wird. In dem klassisch verwendeten Stage-Gate-Prozess für Innovationsvorhaben, sollte dies allerdings frühestens im zweiten Schritt nach der Ideenfindungsphase (dem sogenannten fuzzy-front-end) geschehen, um die erste Stufe der Kreativität nicht einzuschränken.

Neben klar definierten Innovationsprozessen und gelebten internen Innovationsstrukturen bedarf es qualifizierter Mitarbeiter, welche den gesamten Ablauf von der Erfindung bis zur Innovation (der eigentlichen Bewährung des Marktangebotes) begleiten. Die primäre Aufgabe eines solchen Innovationsmanagers liegt in der Überführung von Ideen oder Erfindungen (Inventionen) in die Marktreife (Innovationen) beziehungsweise in der Begleitung dieses Prozesses.[8] Der Innovationsmanager implementiert und begleitet dazu den Innovationsprozess. Die Integration von Fragen des Risikomanagements, insbesondere die Sensibilisierung für Fragen der Risikoquantifizierung und -steuerung stellt hier eine große Herausforderung dar. Gerade die Notwendigkeit, auch auf Risiken immer wieder einzugehen, wird gerne auch als Kreativitätskiller angesehen. Der Innovationsmanager muss deshalb stets mit Widerständen rechnen.

Die Innovationskultur als dritte Komponente eines funktionierenden Innovationsmanagements baut auf der bestehenden Unternehmenskultur auf. Viele Unternehmen vernachlässigen allerdings die hohe Bedeutung der Innovationskultur, wobei gerade sie das Commitment zum Innovationsmanagement und zum Innovationsprozess sicherstellt. Daneben sind Transparenz, Fortbildungsangebote und Anreizsysteme für die Mitarbeiter wichtige Bestandteile der Innovationskultur. Gewisse Widersprüche zu einer z. T. stark formalen Ausrichtung des Risikomanagements bleiben nicht aus.

---

[8] Vgl. hierzu Vahs 2010, S. 9; Daecke 2009, S. 179 sowie Pechlaner et al. 2006, S. 123.

1.4 Compliance und Risikomanagement

Als Compliance wird das Einhalten rechtlicher Rahmenbedingungen durch ein Unternehmen und seine Mitarbeiter bezeichnet. Als rechtliche Rahmenbedingungen können einerseits geltende Gesetze, andererseits aber auch Kodizes wie etwa der Deutsche Corporate Governance Kodex gelten. Aus Sicht des Risikomanagements stellen Verstöße gegen die aufgestellten Normen Risiken dar, die meist nur schwer quantifizierbar sind. Konsequenzen aus Compliance-Vergehen sind nämlich häufig nicht nur Strafen und Bußgelder, sondern auch ein massiver Imageverlust.

Ein isoliert betrachtetes Compliance-Managementsystem ist im Wesentlichen ähnlich aufgebaut wie ein Risikomanagementsystem, so hat es zunächst strategische Komponenten, die die Compliance-Ziele und eine entsprechende Compliance-Kultur definieren. Darüber hinaus muss die organisatorische Einbettung geregelt werden. Die operativen Komponenten setzen sich mit der Ermittlung der Compliance-Risiken sowie ihrer Überwachung und Steuerung auseinander. Ferner werden Regeln für die Kommunikation aller die Compliance betreffenden Aspekte festgelegt.

Tatsächlich kann Compliance als ein Teil des Risikomanagements angesehen werden. Andererseits unterscheiden sich Fragen der Compliance, da sie meist rechtlicher Natur sind, stark von den eher quantitativen (häufig mathematischen) Fragestellungen anderer Risikoarten.

Die Aufgabe eines Unternehmens besteht nun darin, ein quantitativ/qualitatives Risikomanagementsystem mit einem Compliance-Managementsystem in Einklang zu bringen.

Diese ähnliche Struktur spricht für eine Integration des Compliance-Managementsystems in das Risikomanagementsystem. Tatsächlich betrachtet das Committee of Sponsoring Organizations of the Treadway Commission (COSO)[9] die Einhaltung von Compliance-Regeln als eines von vier Zielen eines unternehmensweiten Risikomanagements. Andererseits sprechen die erwähnten Unterschiede auch für eine getrennte Struktur.

1.5 Corporate Governance und Risikomanagement

Corporate Governance ist im Rahmen des Risikomanagements eine wichtige treibende Kraft. Zum einen bietet Corporate Governance einen formalen Rahmen zu Fragen der Unternehmensführung, zum anderen zielt es vor allem auf höhere Transparenz der selbigen ab, wozu insbesondere die Verbesserung von Risikomanagementsystemen gehört. Die Überlegungen sind analog zu unseren Ausführungen über Nachhaltigkeit. Transparentes

---

[9] Vgl. http://www.coso.org. Zugegriffen: 10. März 2013.

1.6 Weitere rechtliche Aspekte

Risikomanagement muss zu risikoadäquater Entlohnung des Managements führen und reduziert Fehlbewertungen von Unternehmen.

Ein Blick in den Deutschen Corporate Governance Kodex macht diese Aspekte deutlich.[10]

> 3.4 Die ausreichende Informationsversorgung des Aufsichtsrats ist gemeinsame Aufgabe von Vorstand und Aufsichtsrat. Der Vorstand informiert den Aufsichtsrat regelmäßig, zeitnah und umfassend über alle für das Unternehmen relevanten Fragen der Strategie, der Planung, der Geschäftsentwicklung, der **Risikolage**, des **Risikomanagements** und der **Compliance**. Er geht auf Abweichungen des Geschäftsverlaufs von den aufgestellten Plänen und Zielen unter Angabe von Gründen ein. [...]
> 4.1.1 Der Vorstand leitet das Unternehmen in eigener Verantwortung im Unternehmensinteresse, also unter Berücksichtigung der Belange der Aktionäre, seiner Arbeitnehmer und der sonstigen dem Unternehmen verbundenen Gruppen (Stakeholder) mit dem Ziel **nachhaltiger Wertschöpfung**. [...]
> 4.1.4 Der Vorstand sorgt für ein angemessenes Risikomanagement und Risikocontrolling im Unternehmen. [...]
> 4.2.3 Die Vergütungsstruktur ist auf eine **nachhaltige Unternehmensentwicklung** auszurichten. [...]
> 5.2 Aufgaben und Befugnisse des Aufsichtsratsvorsitzenden: Der Aufsichtsratsvorsitzende soll zwischen den Sitzungen mit dem Vorstand, insbesondere mit dem Vorsitzenden bzw. Sprecher des Vorstands, regelmäßig Kontakt halten und mit ihm Fragen der Strategie, der Planung, der Geschäftsentwicklung, der **Risikolage**, des **Risikomanagements** und der **Compliance** des Unternehmens beraten.

Hieraus kann nun folgendes abgeleitet werden: Das Risikomanagement ist eine **Hauptaufgabe des Vorstands oder der Geschäftsleitung**. Das Risikomanagement im Unternehmen hängt von dem Bekenntnis des Vorstands zum Risikomanagement ab. Die Aufgaben der Geschäftsleitung sind dabei, die Risikopolitik vorzunehmen, das Unternehmen auf Risikomanagement einzuschwören sowie die Organisationsstruktur des Risikomanagements im Unternehmen festzulegen.

1.6 Weitere rechtliche Aspekte

Als wichtiger Treiber für das Risikomanagement kann in Deutschland das 1998 durch den deutschen Bundestag ratifizierte Gesetz zur Kontrolle und Transparenz im Unternehmensbereich (**KonTraG**) genannt werden. Ziel des KonTraG ist es, die in Deutschland bis dahin noch nicht etablierte Corporate Governance in den Unternehmen einzurichten. Das KonTraG bezieht sich dabei auf das HGB und das Aktiengesetz.

Kernpunkt des KonTraG ist die Forderung nach einem angemessenen Risikomanagement von börsennotierten Aktiengesellschaften. Gefordert wird: „Der Vorstand hat geeignete Maßnahmen zu treffen, insbesondere ein Überwachungssystem einzurichten,

---

[10] Deutscher Corporate Governance Kodex (Fassung vom 15. Mai 2012).

damit den Fortbestand der Gesellschaft gefährdende Entwicklungen früh erkannt werden" (§ 91 Abs. 2 AktG). Diese Vorschrift zwingt die Vorstände bzw. das Management, ein Früherkennungssystem für Risiken (Risikomanagementsystem) innerhalb der Unternehmen einzurichten und zu betreiben. Aussagen zu Risiken und zur Risikostruktur des Unternehmens sind zudem im Lagebericht des Jahresabschlusses der Gesellschaft zu veröffentlichen. „Als wichtig und unabdingbar wird es angesehen, dass der Lagebericht künftig auch Aussagen darüber enthält, mit welchen Risiken die künftige Entwicklung belastet ist. Nur auf diese Weise kann eine dem bisherigen Satz 1 entsprechende Darstellung der Lage der Kapitalgesellschaft gegeben werden, die das den tatsächlichen Verhältnissen entsprechende Bild auch wirklich vermittelt. Diese Erweiterung des Inhalts des Lageberichts korrespondiert mit der in § 317 Abs. 2 vorgesehenen Pflicht des Abschlussprüfers zu prüfen, ob diese Risiken zutreffend dargestellt sind" (§ 317 Abs. 2 AktG und § 289 Abs. 1 HGB). In diesem auch Risikobericht genannten Teilsegment des Lageberichts sind die Risiken daher explizit zu benennen, die merklich Einfluss auf die Finanz- und Gewinnsituation des Unternehmens haben und damit die Existenz des Unternehmens nachteilig beeinträchtigen können.

Obwohl das Gesetz explizit nur für Kapitalgesellschaften gilt, ist laut Begründung zum Gesetzentwurf davon auszugehen, dass auch für andere Rechtsformen bei Unternehmen (z. B. GmbH) und damit auch für mittelständische Unternehmen nichts anderes angenommen wird. Deshalb sollten sich alle Unternehmen entsprechend KonTraG mit dem Risikomanagement befassen und dieses in ihr Unternehmen einbinden.

Für den Finanzdienstleistungssektor gelten zudem spezifische aufsichtsrechtliche Rahmenbedingungen, die unter den Begriffen Basel Akkord und Solvency bekannt sind. Es handelt sich hierbei um Rahmenwerke, die grundsätzlich der Solvabilität des Finanzdienstleistungssektors dienen. Daraus leiten sich wiederum rechtliche Anforderungen an das Risikomanagementsystem der jeweiligen Branche ab, die als **Mindestanforderungen an das Risikomanagement** (MARisk BA bzw. MARisk VA) bezeichnet werden. In Kap. 3.4.1.1 und 4 wird auf diese speziellen Rahmenbedingungen für die Finanzdienstleistungsbranche näher eingegangen.

Strategisches Risikomanagement bei Unternehmen

2.1 Risikomanagement und Controlling

Die Aufgabe des Controllings ist, funktional gesehen, die Abstimmung der Planung und Kontrolle sowie die Informationsbeschaffung zwischen dem Management und seinem Unternehmen.[1] Controlling stellt damit eine Unterstützung der Unternehmensführung dar. Im Controlling unterscheidet man dabei zwischen strategischem und operativem Controlling (vgl. Abb. 2.1). Das strategische Controlling plant und entwickelt die mittel- bis längerfristigen Ziele des Unternehmens, während sich das operative Controlling um die kurzfristige Sichtweise und die tatsächliche Umsetzung kümmert.

Die Ziele des strategischen Controllings stehen offensichtlich in enger Verbindung mit den Zielen des Unternehmens bezüglich des Risikomanagements. Ganz oben steht die nachhaltige Existenzsicherung des Unternehmens. Daher wird in manchen Unternehmen strategisches Controlling und Risikomanagement identisch gesehen bzw. von der Controlling Abteilung mit abgedeckt. Risikomanagement ist aber nicht nur eine finanzielle Aufgabe wie größtenteils das Controlling. Beispielsweise würde ein sehr wichtiger Mitarbeiter, dessen Verlust ein sehr hohes Risiko für das Unternehmen darstellt, im Controlling nicht bewertet. Im Risikomanagement würde das Risiko hier aber sichtbar und könnte bewertet und ggf. abgesichert werden.

Das Risikomanagement ist daher in den Prozess der Unternehmensführung eingeordnet und überschneidet sich in manchen Bereichen mit dem (strategischen) Controlling (vgl. Abb. 2.2). Das strategische Ziel des Risikomanagements ist nun die Sicherung der Unternehmensziele und damit auch die Sicherung des künftigen Erfolgs des Unternehmens. Wichtig hierbei ist es auch, die Kosten (Risikokosten) im Blick zu halten.

Diese Trennung zwischen strategischer und operativer Sichtweise sehen die Autoren hier äquivalent zum Controlling auch im Risikomanagement. Unter **strategischem**

---

[1] Vgl. Horvath 2004.

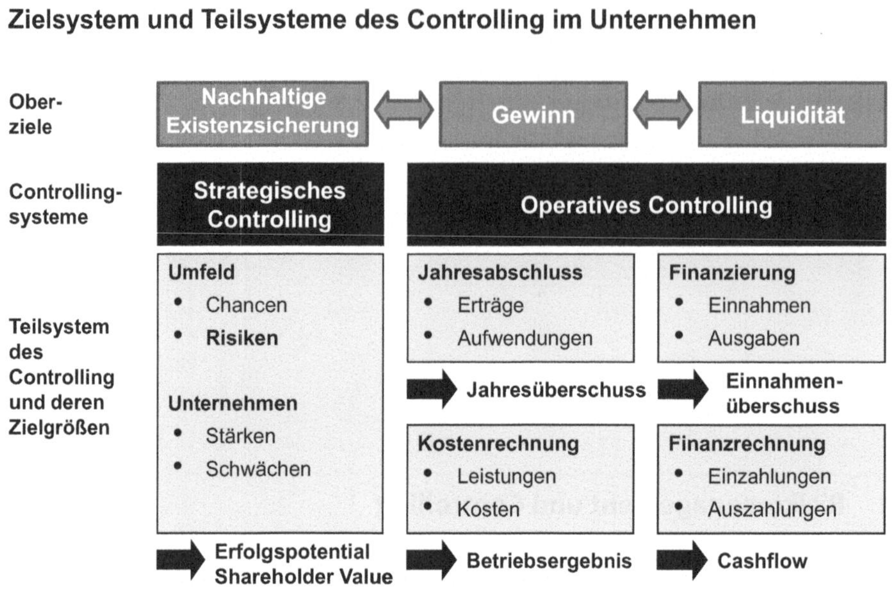

Zielsystem und Teilsysteme des Controlling im Unternehmen

Abb. 2.1 Ziele des Controllings im Unternehmen (Quelle: Eigene Darstellung nach Peemüller 2002)

Abb. 2.2 Einordnung des Risikomanagements in das Unternehmen (Quelle: Eigene Darstellung)

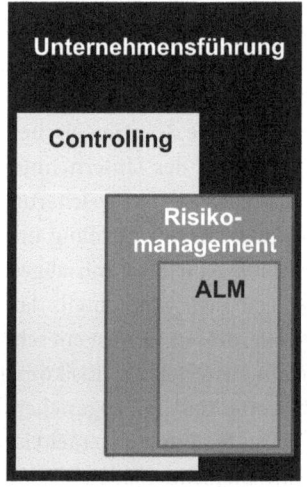

Risikomanagement wird dabei die Sichtweise der Geschäftsleitung oder des Vorstandes (allgemein Management) verstanden. Das Management ist dabei die höchste Risikomanagement-Instanz im Unternehmen. Unter **operativem Risikomanagement** versteht man dann die tatsächliche Umsetzung des Risikomanagement-Ansatzes.

Aufgaben des strategischen Risikomanagements, die an das Management herangetragen werden, sind zum einen die organisatorische Einbettung des Risikomanagements in das Unternehmen und zum anderen die Einführung geeigneter Instrumente zur Abdeckung

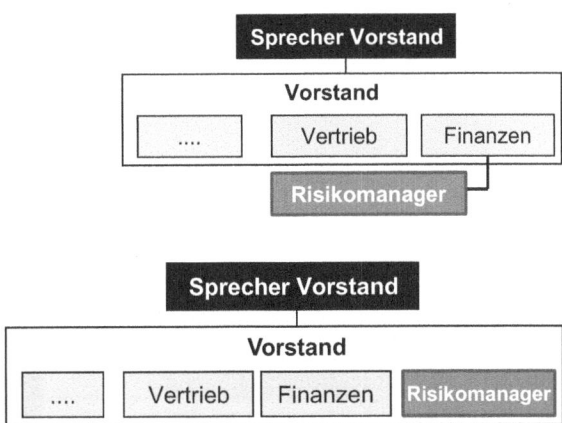

Abb. 2.3 Risikomanagement in zweiter Führungsebene (Quelle: Eigene Darstellung)

Abb. 2.4 Risikomanagement als Vorstandsbereich (Quelle: Eigene Darstellung)

der strategischen Risiken. Diese Maßnahmen werden in den folgenden Kapiteln näher erläutert.

2.2 Einbettung des Risikomanagements ins Unternehmen

Die Schaffung und Förderung eines Risikobewusstseins bei allen Mitarbeitern ist eine wichtige Aufgabe des strategischen Risikomanagements. Dazu ist es wichtig, im Unternehmen die geeignete Struktur für das Risikomanagement zu finden. Allen Strukturen ist aber gemein, dass das Risikomanagement in der gewählten Struktur gelebt werden muss und nicht als notwendiges Übel betrachtet wird.

Da jedes Unternehmen spezifische Eigenschaften hat, die nicht universal abbildbar sind, gibt es für den Einsatz des Risikomanagements im Unternehmen unterschiedliche Möglichkeiten. Folgende Ansätze sehen wir als sinnvoll für den Einsatz in den Unternehmen an:

Der klassische Ansatz für die Einrichtung einer Risikomanagementabteilung (vgl. Abb. 2.3) ist, diese im Ressortbereich des Finanzvorstandes zu platzieren (äquivalent zum Controller). Damit ist der Risikomanager zugleich dem Finanzvorstand unterstellt, eine Unabhängigkeit von diesem ist aber nicht gewährleistet. Gerade im Finanzbereich treten bei den meisten Unternehmen die größten Risiken auf (vgl. Kap. 3). Diese können leicht zur Existenzgefährdung des Unternehmens führen und haben signifikanten Einfluss auf die Unternehmensziele. Dieser Ansatz birgt damit ein hohes Konfliktpotential, da zum einen die Unabhängigkeit von den Finanzrisiken nicht gegeben ist, zum anderen Einfluss auf andere Ressorts genommen werden muss, die nicht unter der Zuständigkeit des Finanzvorstandes stehen. Daher erscheint dieser Ansatz nicht als optimal.

Besser wäre, den Risikomanager in der Vorstandsebene anzusetzen (vgl. Abb. 2.4). Dies hängt natürlich sehr stark von der Signifikanz des Risikomanagements für das jeweilige Unternehmen ab. Bei Finanzdienstleistungsunternehmen ist dieser Ansatz aber weit ver-

Abb. 2.5 Risikomanagement-Zuordnung zum Sprecher des Vorstandes (Quelle: Eigene Darstellung)

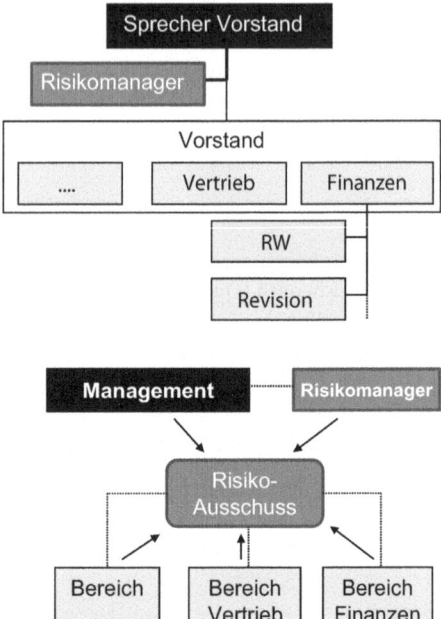

Abb. 2.6 Risikomanagement bei einzelverantwortlicher Organisation (Quelle: Eigene Darstellung)

breitet (Die übliche Bezeichnung hier ist CRO: Chief Risk Officer). Hier ist dann natürlich eine sehr starke Unabhängigkeit gegeben, gepaart mit einer starken Position Risikoziele im Unternehmen durchzusetzen. Da aber Risikomanagement ein eigenes Vorstandsressort darstellt, ist auch wiederum ein Konfliktpotential mit den anderen Ressorts vorhanden, da diese sich ggf. durch die Ziele des Risikoressorts in der Umsetzung ihrer Ressortziele behindert fühlen.

Die nach unserer Auffassung beste Lösung zur Platzierung des Risikomanagers (vgl. Abb. 2.5) bzw. der Risikomanagement-Abteilung ist die Zuordnung zum Vorstandsvorsitzenden (bzw. Sprecher der Geschäftsleitung). Durch diese Funktionalität ist ein hohes Maß an Unabhängigkeit gegeben, ohne dass eine starke Bindung an ein einzelnes Ressort entsteht. Über diese Zuordnung ist die Aufgabe eine klassische Querschnittsfunktionalität. Da der Risikomanager aber direkt an den Vorstandsvorsitzenden berichtet, hat auch in dieser Struktur das Risikomanagement eine starke Bedeutung und kann die vorgegebenen Ziele mit Kraft umsetzen.

Da Risikomanagement eine Gemeinschaftsaufgabe des ganzen Unternehmens darstellt, muss ebenfalls diskutiert werden, wie mit Risiken innerhalb des Unternehmens zu verfahren ist. Hier bieten sich zwei verschiedene Ansätze zur Strukturierung der Risiken in den unterschiedlichen Bereichen des Unternehmens an.

Eine Möglichkeit besteht in der Einrichtung eines Risikoausschusses, der vom Risikomanager geleitet wird und in dem die unterschiedlichen Bereiche mitwirken (vgl. Abb. 2.6). Der Risikoausschuss ist dabei das zentrale Organ des Unternehmens bezüglich des Risikomanagements. Der Risikomanager mit seinen Mitarbeitern betreut diesen Aus-

2.3 Instrumente des strategischen Risikomanagements

Abb. 2.7 Risikomanagement bei funktionaler Organisation (Quelle: Eigene Darstellung)

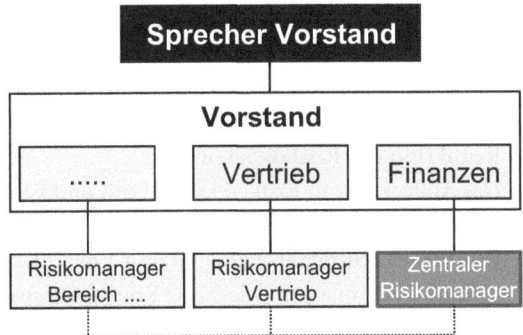

schuss und entwickelt Konzepte und Lösungen bezüglich der Handhabung der Risiken. Die Umsetzung dieser Lösungsansätze bedarf aber der Genehmigung des Ausschusses. Auch das Management sollte an diesem Risikoausschuss teilnehmen, da die Beschlüsse des Ausschusses ggf. die Unternehmensziele nachhaltig beeinflussen.

Wird das Risikomanagement in einer funktionalen Struktur abgedeckt, so könnte diese Struktur auch in der Betreuung der Risiken fortgesetzt werden. Einzelne Bereichsrisikomanager berichten dann an einen zentralen Risikomanager, der dem Ressort Finanzen angehängt ist (vgl. Abb. 2.7). Ebenfalls möglich wäre diese Struktur, wenn der Risikomanager dem Sprecher des Vorstandes zugeordnet wird (vgl. Abb. 2.5). Auch hier würden dann Risikomanager der Bereiche an den zentralen Risikomanager berichten bzw. Mitarbeiter seiner Abteilung sein.

Wie angesprochen bedarf die Position eines Risikomanagers einer hohen Unabhängigkeit, aber auch einer starken Stellung innerhalb des Unternehmens, um in den Bereichen teilweise unliebsame Entscheidungen durchzusetzen. Ein Risikoausschuss bietet die Möglichkeit, eine möglichst breite Akzeptanz innerhalb des Unternehmens zum Thema Risikomanagement aufzustellen. Daher ist nach unserer Auffassung diese Struktur vorzuziehen.

2.3 Instrumente des strategischen Risikomanagements

Die Instrumente für das strategische Risikomanagement sind die Rahmenbedingungen für das Management zum Umgang mit dem Risikomanagement selbst. Insbesondere sollen durch diese Instrumente die Zielvorgaben des Managements bezüglich des Risikomanagements (Risikoziele) abgedeckt werden. Diese sind:

- **Erhöhung der Risikosensibilität**
  Jedem Mitarbeiter im Unternehmen muss die Bedeutung des Risikomanagements klar gemacht werden.

- **Erhöhung des Unternehmenswerts**
  Der Unternehmenswert eines Unternehmens wird durch bewusstes Risikomanagement verbessert. Einem Unternehmen mit gutem Risikomanagement wird am Kapitalmarkt eine höhere Bewertung zugestanden, da das Risiko für den Investor verringert wird.
- **Reduktion der Risikokosten**
  Das Abdecken von Risiken kostet Geld und ist im Extremfall richtig teuer. Daher ist es wichtig, hier ein vernünftiges Maß an Risikokosten einzugehen.
- **Erfüllung rechtlicher Auflagen und Vorschriften**
  Gesetzliche Auflagen (wie z. B. KonTraG) sind von den Unternehmen einzuhalten. Hierzu bedarf es Instrumente, die dem Management aufzeigen, ob und wie diese Auflagen vom Unternehmen erfüllt werden.
- **Erfüllung sozialer Ziele des Unternehmens**
  Nicht nur monetäre Ziele, sondern auch soziale Ziele sollten vom Risikomanagement begleitet werden. Insbesondere die nachhaltige Entwicklung bzw. ethische Einschätzung des Unternehmens spielen heutzutage in diesem Zusammenhang eine große Rolle.

Durch Einsatz der nachfolgenden Instrumente des strategischen Risikomanagements können die obigen Ziele abgedeckt werden.

2.3.1 Aufbau eines Risikohandbuchs

Das Risikohandbuch sollte die organisatorische Grundlage für das Risikomanagement in einem Unternehmen sein. In ihm werden der grundsätzliche Aufbau und die Beschreibung des Ablaufs des Risikomanagements aufgezeigt. Zudem sollten Berichte für das Management in ihm definiert werden.

Fragen, die vom Unternehmen (Management) bei der Einrichtung eines Risikomanagements zum **grundsätzlichen Aufbau des Risikomanagements** dargelegt werden, sind beispielsweise:

- **Beschreibung des Aufbaus des Risikomanagements**
  Entsprechend Kap. 2.2 muss im Vorfeld die Einbindung des Risikomanagements in das Unternehmen und in die Unternehmensführung geklärt werden. Hierzu müssen auch die Verantwortlichen für das Risikomanagement (Risikomanager) und deren genaues Aufgabengebiet genannt werden.
- **Auswahl und Definition der Risikogrundsätze des Unternehmens**
  Das Unternehmen muss im Vorfeld klären, was es eigentlich unter Risiko bzw. Risikomanagement versteht. Dies ist je nach Unternehmen sehr unterschiedlich. Die Risikopolitik im Unternehmen sollte hierbei allen Mitarbeitern klar verdeutlicht werden.

2.3 Instrumente des strategischen Risikomanagements

- **Festlegung und Beschreibung von Risikokategorien und der Umgang mit diesen Risiken**
Die vom Unternehmen erfassten Risiken (vgl. Kap. 3.1), die Bewertung (vgl. Kap. 3.2) sowie die Handhabung dieser Risiken (vgl. Kap. 3.3) sind ebenfalls fester Bestandteil des Risikohandbuchs und sollten vorab festgelegt werden.

Nachdem der grundsätzliche Aufbau des Risikomanagements im Risikohandbuch dargestellt ist, sollte dieses den **Ablauf des Risikomanagements** beschreiben. Dazu gehören u. a. folgende Punkte:

- **Umgang mit der Risikoidentifikation**
Welche Risiken im Unternehmen wann auftreten, ist innerhalb der Risikoidentifikation eine wichtige Aufgabe des Risikomanagements. Diese Funktion sollte daher im Risikohandbuch beschrieben werden, damit Risiken nicht vernachlässigt bzw. neue Risiken rechtzeitig erkannt werden können.
- **Systematische Risikobewertung**
Die angesprochene Risikobewertung sollte möglichst standardisiert werden, damit sich die Bewertung nicht sprunghaft verändert. Hierzu sollten die Parameter der Risikobewertung erkannt und genau beschrieben werden.
- **Systematisches Risikocontrolling**
Maßnahmen des Risikomanagements müssen im Vorfeld klar abgestimmt und im Risikohandbuch beschrieben werden. Es werden ggf. Risikolimits gesetzt bzw. eindeutige Maßnahmen beim Unter- oder Überschreiten von Parametern getroffen.
- **Strategische Verbesserung des Risikomanagement-Kreislaufs**
Das Risikomanagement ist kein abgeschlossener Prozess, sondern muss immer wieder neu aufgesetzt werden. Sollten Risikoparameter bzw. Maßnahmen zur Abdeckung von Risiken beschlossen und eingesetzt werden, müssen diese Parameter und Maßnahmen ständig überwacht und bewertet werden. Dies sollte ebenfalls im Risikohandbuch vermerkt werden.
- **Umgang mit der Risikomanagement-Software**
Setzt das Unternehmen eine Risikomanagement-Software (vgl. Kap. 2.3.2) ein, so sollte auch zusätzlich der Umgang mit dieser Software im Risikohandbuch beschrieben werden.

Ein weiterer Punkt in der Erstellung eines Risikohandbuchs ist der Umgang mit **internen und externen Risikoberichten**. Diese können individuell oder mithilfe der Risikomanagement-Software erstellt werden:

- **Gestaltung und Inhalt der Risikoberichte**
Welche Risikoberichte in welchem Turnus ausgegeben werden, sollte vorab im Risikohandbuch aufgeführt werden. Interne Risikoberichte können dabei flexibler gestaltet werden, externe Risikoberichte müssen dagegen stark standardisiert werden.

Abb. 2.8 Modulare Softwarekomponenten im Unternehmen (Quelle: Eigene Darstellung)

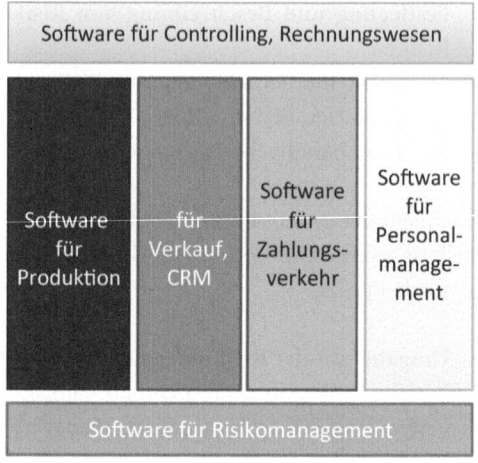

- **Erstellung eines Jahres-Risikoberichts**
  Für den Jahresabschluss bedarf es eines Jahres-Risikoberichts, der eng mit dem Management abgestimmt werden muss.

2.3.2 Einsatz einer Risikomanagement-Software

Da in der heutigen Zeit das ganze Unternehmen in unterschiedlichen Softwarekomponenten abgebildet ist (Rechnungswesen, Controlling, Lagerhaltung, usw.), bietet es sich an, auch das Risikomanagement über eine spezielle Software abzudecken. Am effektivsten wäre es hierbei, eine Software einzusetzen, die den gesamten Unternehmensprozess begleitet. Diese Software würde alle Funktionalitäten (auch das Risikomanagement) innerhalb des Unternehmens abdecken. Aus naheliegenden Gründen ist dies nur in Ausnahmefällen möglich. Im Regelfall gibt es unterschiedliche Softwareanbieter für die unterschiedlichen Aufgabenbereiche. In manchen Unternehmen kommen hierzu dann noch Eigenentwicklungen, die aus verschiedenen Gründen notwendig sind (z. B. Zahlungsverkehr oder spezielle Produktionsprogramme).

Im Regelfall versucht man aber, so wenig unterschiedliche Software-Anbieter wie möglich einzusetzen. Optimal wäre, wie angesprochen, eine einzige Software mit unterschiedlichen Modulkomponenten. Das große Problem sind die Schnittstellen, sogenannte Medien-Brüche, zwischen den einzelnen Unternehmensbereichen. Sollten hier unterschiedliche Softwarekomponenten am Werk sein, stellen diese Schnittstellen eine Dauerbaustelle dar, die ständig aktualisiert werden müssen. Dies wird durch eine modular aufgebaute Gesamtsoftware eindeutig vermieden (vgl. Abb. 2.8). Die Software für das Risikomanagement stellt dann eine Teilkomponente dar, die über die anderen Komponenten hinweg greift, d. h. die Informationen dieser Komponenten für das Risikomanagement selbst verwendet.

2.3 Instrumente des strategischen Risikomanagements

Im Markt für Softwareentwicklungen existiert derzeit eine Vielzahl von Anbietern, die Softwarelösungen für das Risikomanagement selbst oder integrierte modular aufgebaute Systeme, die das Risikomanagement enthalten, anbieten. Im Nachfolgenden konzentrieren wir uns daher auf die Vorgaben, die nach unserer Auffassung eine Software für das Risikomanagement erfüllen sollte:[2]

- **Abbildung des gesamten operativen Risikomanagement-Prozesses**
  Der gesamte operative Risikomanagement-Prozess (vgl. Kap. 3) mit Risikoidentifizierung, Risikobewertung, Risikocontrolling und Risikoüberwachung sollte über die Risikomanagement-Software abgebildet werden.
- **Definition von Systemverantwortlichen**
  Die Risikomanagement-Software darf nur von speziell geschulten und vom Risikomanager autorisierten Mitarbeitern verwendet werden.
- **Schnittstellen zu allen erforderlichen Unternehmensbereichen**
  Die Risikomanagement-Software sollte Schnittstellen zu allen Unternehmensbereichen haben. Daten aus diesen Bereichen werden dann automatisiert in die Risikomanagement-Software übernommen. Eigene Eingaben bzw. Korrekturmaßnahmen sollten möglich sein. Der Datenimport und auch der Datenexport von und an verschiedensten Datenquellen sollte flexibel eingerichtet werden.
- **Flexibilität hinsichtlich der Beschreibung von Risiken**
  Für die einzelnen Risiken sollten mehrere Beschreibungsarten zulässig bzw. möglich sein.
- **Abbildung von Konzernstrukturen**
  Je nach Unternehmensart sollte die Risikomanagement-Software auf die Konzernstrukturierung eingehen und diese abbilden. Darüber hinaus muss die Software gegebenenfalls die unterschiedlichen Konzernsprachen berücksichtigen.
- **Bereitstellung einer effektiven Risiko-Berichterstattung**
  Risikoberichte sind eines der wesentlichen Merkmale von Systemen für das Risikomanagement. Aufgrund der Notwendigkeit, sehr viele Informationen schnell und effektiv zu verdichten und speziell für den Empfänger der Berichte anzupassen, muss auf den Berichte-Entwickler, der die Berichte erzeugt, starkes Gewicht gelegt werden.
- **Darstellung von Risikoprognosen**
  Um mögliche Entwicklungen frühzeitig zu antizipieren, bietet es sich an, Prognosen bzw. Szenarien in das Risikomanagement zu integrieren. Es ist daher sinnvoll, dass das Risikomanagement nicht nur auf harten Daten aus dem Unternehmensprozess aufbaut, sondern diese Daten variieren kann, sodass unterschiedliche Risikoprognosen dargestellt werden können. Im Idealfall führt dies zu einem Frühwarnsystem.
- **Einfache Darstellung für das Management (MIS)**
  Informationen aus der Risikomanagement-Software können für das Management vereinfacht über Ampelsysteme (rot, gelb, grün) dargestellt werden. Dies geschieht i. d. R.

---

[2] Vgl. auch Gleißner und Romeike 2005.

durch ein Management-Informationssystem (MIS). Ist ein Risiko oder Risikobereich grün, so bedarf es keines Eingriffs von Seiten des Managements. Bei rot ist ein Eingriff dringend erforderlich.
- **Performance und Stabilität**
Die Software sollte schnell zu Lösungen kommen und stabil arbeiten, damit ein jederzeitiger Einsatz möglich ist. Insbesondere beim gleichzeitigen Einsatz in mehreren Konzernunternehmen bzw. in unterschiedlichen Ländern werden die Stabilität und das Antwortverhalten des Systems stark in Anspruch genommen.
- **Einhaltung von Standards**
Müssen vom Unternehmen bestimmte Standards wie spezielle Corporate Governance Vorgaben eingehalten werden, so sollte die Software diese Vorgaben aufzeigen und Berichte hierfür erstellen können.

Wichtig ist für alle Funktionen, dass diese im Unternehmensprozess bezüglich des Risikomanagements ständig weiterentwickelt und angepasst werden.

2.3.3 Asset-Liability-Management

Wie in Abb. 2.2 aufgezeigt, ist das Asset-Liability-Management (ALM) Teil des Risikomanagements. Was genau nun ist Asset-Liability-Management? Dies hängt, wie auch das Risikomanagement, von der Art des Unternehmens ab. Allgemein versteht man unter ALM Unternehmensmodelle zur (Risiko-) Steuerung anhand der zukünftigen Entwicklung von Aktiva und Passiva. Genauer gesagt, das Unternehmen bzw. die Unternehmenskennzahlen werden über ein oder mehrere Jahre synthetisch weiterentwickelt. Dabei wird beobachtet, wie das Unternehmen Risikosituationen verträgt. Gleichzeitig kann das Unternehmen dann so gesteuert werden, dass es unter diesen Risikosituationen einen möglichst optimalen Ertrag erzielt.

Der Kernpunkt des ALM ist damit, die zukünftige Entwicklung des Unternehmens bezüglich Aktiva und Passiva vorherzusagen. Diese zukünftige Entwicklung wird i. d. R. über mathematische Modelle simuliert. Da es keine Glaskugel gibt, in der die korrekte Entwicklung des Unternehmens ablesbar ist, sind die Modelle zum ALM natürlich mit großen Unsicherheiten verbunden. Eine genaue Vorhersage ist aber auch gar nicht das Ziel von ALM. Vielmehr sollen die Risiken offengelegt werden

Wie angesprochen gibt es Unternehmen, die enger mit einem ALM verbunden sind. Dazu gehören insbesondere die Unternehmen der Finanzindustrie (Banken, Versicherungen), da hier die Assets wie auch die Liabilities berechenbarer sind als beispielsweise bei der Autoindustrie. Dennoch ist ALM auch Thema anderer Unternehmen, insbesondere wenn diese Unternehmen Pensionsverpflichtungen eingegangen sind. Denn hier ergeben sich ähnliche Strukturen wie bei Versicherungsunternehmen. Langfristig eingegangenen Verpflichtungen, die sich teilweise noch über den Zeitablauf erhöhen, stehen kurz- bis mittelfristig investierte Aktivpositionen gegenüber. Für diese Verpflichtungen gilt es, die optimale Struktur der Aktiva zu finden.

2.3 Instrumente des strategischen Risikomanagements

Abb. 2.9 Prozess des Asset-Liability Management (Quelle: Eigene Darstellung)

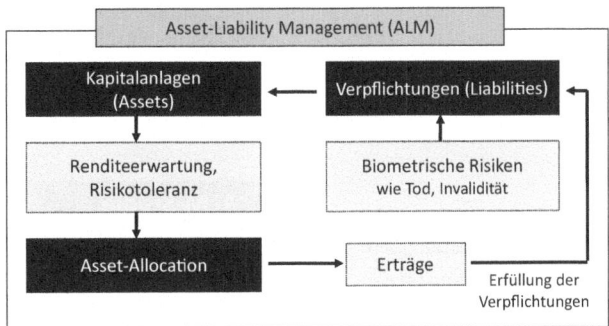

Ausgehend von den Verpflichtungen, die sich beispielsweise in der betrieblichen Altersvorsorge aus dem Bestand der Vorsorgeberechtigten errechnen, ergeben sich für die Kapitalanlage Restriktionen, aber auch Freiheiten, die es optimal auszunutzen gilt. Das ALM bestimmt nun die zu verwendende Kapitalanlagestruktur, die es ermöglicht, langfristig Erträge zur Bedeckung der Verpflichtungen zu erwirtschaften (vgl. Abb. 2.9).

Altersvorsorgeprodukte wie Pensionsverpflichtungen sollen i. d. R. eine Mindestverzinsung nicht unterschreiten, dabei aber gleichzeitig eine möglichst hohe Rendite gewährleisten. Bei immer komplexeren und volatileren (schwankungsanfälligeren) Kapitalmärkten ist dieses Ziel zunehmend schwieriger zu erreichen. Gleichzeitig müssen Bilanzrestriktionen (wie Basel II, Basel III oder Solvency II vgl. hierzu Kap. 4.1 oder Kap. 4.2) sowie individuelle Wünsche des Unternehmens beachtet werden. Ein unternehmensindividuelles Asset-Liability-Management über eine sogenannte ALM-Studie ist die Lösung dieser Problematik. Eine ALM-Studie versucht dabei möglichst alle in der Zukunft auftretenden vorstellbaren Probleme zu integrieren und eine Lösung für die Kapitalanlage zu finden (vgl. Abb. 2.10). Gerade die betriebliche Altersvorsorge, die eine wichtige Absicherung für die Arbeitnehmer der Unternehmen im Rentenalter darstellt, muss bei der Kapitalanlage möglichst renditestark und sehr sicher sein. Die Entscheidungsgrundlage für die Optimierung der langfristigen Anlagestrategie dieser Altersvorsorge-Positionen ist dabei ein effektives Asset-Liability-Management.

Renditevorteile können aber nicht ohne das Eingehen von Risiko erwirtschaftet werden. Wie viel Risiko das Unternehmen in der Kapitalanlage eingehen kann, ja eingehen muss, hängt von der Struktur seiner diesbezüglichen Verpflichtungen (vgl. Abb. 2.11) ab. Für die Entscheidung, wie viel Risiko das Unternehmen hier tragen kann, braucht es eine qualifizierte Analyse des Asset-Liability-Managements.

Wichtig für eine ALM-Studie ist es, einen möglichst wirklichkeitsnahen Ansatz für das Asset-Liability-Management über eine Marktwertbetrachtung zu wählen. Dabei werden die Verpflichtungen des Unternehmens in den Passiva ebenso wie die Aktiva nach Marktwerten bewertet. Auf Basis dieser Informationen entwickelt sich dann die ALM-Studie. Sie liefert die Entscheidungsgrundlage für die strategische Asset Allocation der Pensionsverpflichtungen.

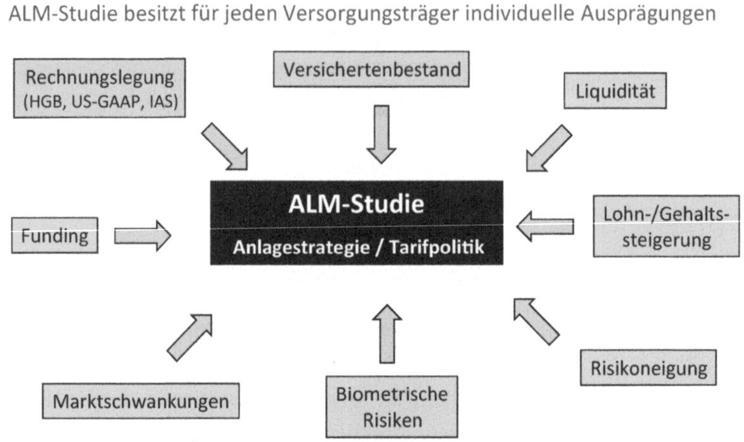

ALM-Studie besitzt für jeden Versorgungsträger individuelle Ausprägungen

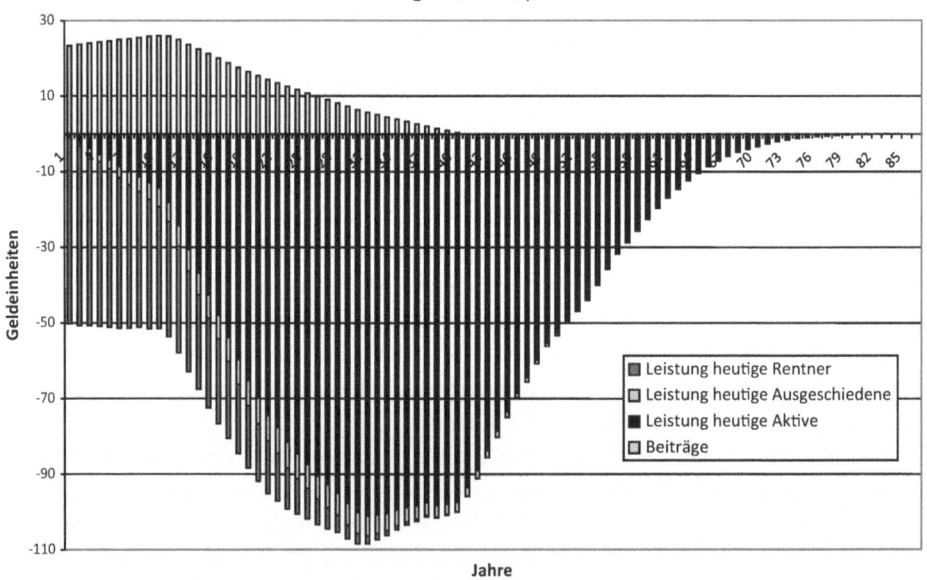

Abb. 2.10 Anforderungen an die ALM Studie (Quelle: Eigene Darstellung)

Abb. 2.11 Verpflichtungsstruktur in der bAV (Quelle: Eigene Darstellung)

Ausgehend vom aktuellen Stand der Aktiva und Passiva, die wie angesprochen nach Marktwerten bewertet werden sollten, werden im Regelfall Monte-Carlo Simulationen durchgeführt, die die Auswirkungen spezieller Kapitalanlagestrukturen (Portfolios) auf Veränderungen der Passiva (Langlebigkeit, Sterblichkeit) und Veränderungen der Aktiva (Aktienmärkte und Zinsen) aufzeigen (vgl. Abb. 2.12). Grundlage dieser Monte-Carlo

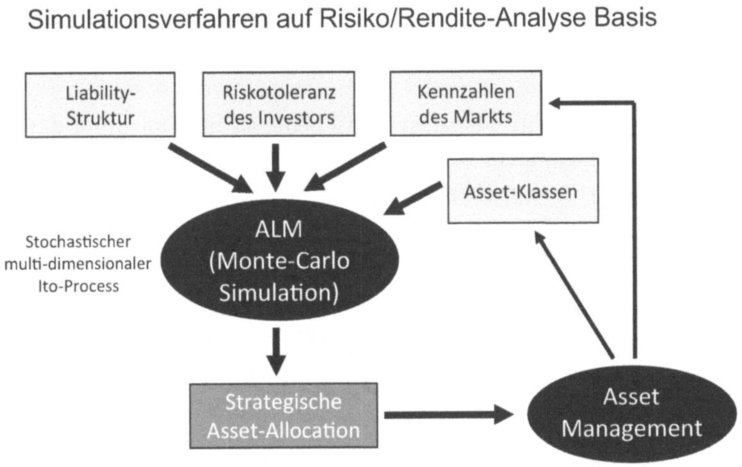

2.3 Instrumente des strategischen Risikomanagements

Simulationsverfahren auf Risiko/Rendite-Analyse Basis

Abb. 2.12 Asset-Liability Management mit Simulationsverfahren (Quelle: Eigene Darstellung)

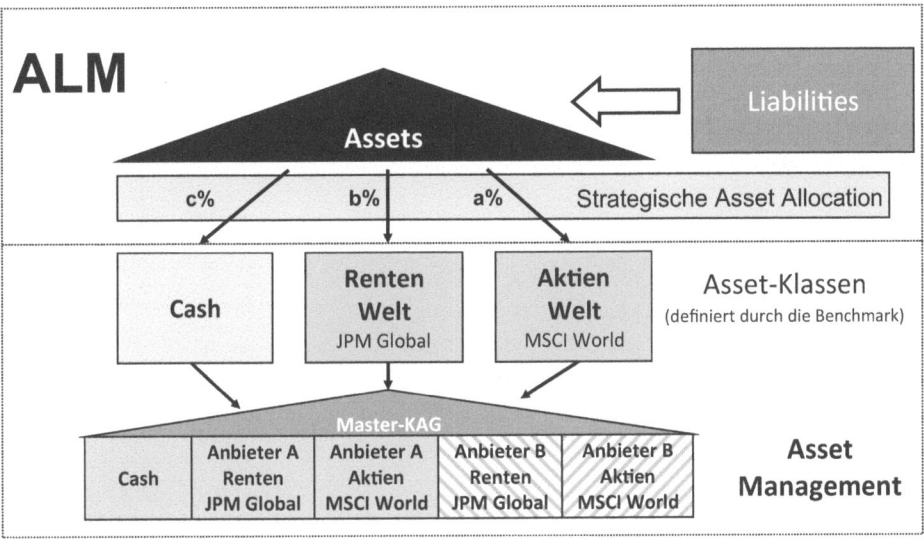

Abb. 2.13 Umsetzung einer strategischen Asset-Allokation (Quelle: Eigene Darstellung)

Simulationen sind mathematische Ito-Prozesse, die den Kern dieser Simulationen bilden:[3] Für ein Asset-Liability-Management hat sich diese Lösung als sehr effektiv erwiesen:[4] Andere Ansätze sind zwar möglich, aber nicht so weitverbreitet.

Das Ergebnis der ALM-Studie ist dann eine konkrete Handlungsempfehlung, wie die Asset-Seite strukturiert werden soll. Abb. 2.13 zeigt eine Strategie für drei Asset-Klassen

---

[3] Vgl. hierzu Wengert 2000.
[4] Vgl. Wengert 2000 und Anhang.

(Cash, Rentenanlage, Aktienanlage), die dann von unterschiedlichen Anbietern verwaltet werden. Werden mehrere Asset-Klassen eingesetzt, wird das ALM entsprechend komplexer.

Ein modernes Asset-Liability-Management ist heute als Instrument für das Risikomanagement immer dann nicht mehr wegzudenken, wenn es gilt, für Verpflichtungen einen geeigneten langfristigen strategischen Ansatz für die Kapitalanlage zu finden. Da dies alleine schon über die Verpflichtungen aus der betrieblichen Altersvorsorge fast alle Unternehmen und nicht nur Finanzdienstleister betrifft, hat das Asset-Liability-Management große Bedeutung für das gesamte Risikomanagement gewonnen.

3 Operatives Risikomanagement bei Unternehmen

Spricht man von Risikomanagement, so meint man umgangssprachlich eigentlich das operative Risikomanagement. Die Instrumente dieses operativen Risikomanagements definieren den Kern des Risikomanagements eines Unternehmens. In diesem Kapitel soll also die Frage geklärt werden, wie in einem Unternehmen das Risikomanagement konkret durchgeführt werden soll.

Prinzipiell besteht das operative Risikomanagement aus 4 Phasen, die sich ergänzen und die auch als Risikomanagement-Kreislauf bezeichnet werden können (vgl. Abb. 3.1). Das Schema beginnt mit der **Risikoidentifizierung**. Hierbei werden alle Risiken, die im Unternehmen auftreten können, ermittelt und bezeichnet. Danach erfolgt die **Risikobewertung**, die die Risiken analysiert und Ihnen möglichst über mathematische Verfahren Werte zuordnet. In der Risikosteuerung, auch **Risikocontrolling** genannt, werden die Risiken systematisch beobachtet und es wird entschieden, wie mit den Risiken umgegangen wird. Zuletzt erfolgt in der **Risikoüberwachung** die Beaufsichtigung der eingegangenen Risiken. Durch die Überwachung werden auch neue oder veränderte Risiken erkannt, die wiederum über die Risikoidentifizierung in das Risikoschema neu aufgenommen werden, was zu einem Risikokreislauf führt. In den nachfolgenden Kapiteln wird näher auf diesen Risikokreislauf eingegangen.

3.1 Risikoidentifikation

Grundlage der Risikoidentifikation ist die genaue Beobachtung des Unternehmens. Je nach Art und Tätigkeitsfeld des Unternehmens liegen nicht nur unterschiedliche Risikoarten vor, auch ihre Bewertung muss an die Rahmenbedingungen angepasst sein. Die Risikoidentifikation in einem Unternehmen ist daher wie ein Fingerabdruck einzigartig und macht die Identifikation schwierig.

Abb. 3.1 Schema des operativen Risikomanagements. (Quelle: Eigene Darstellung)

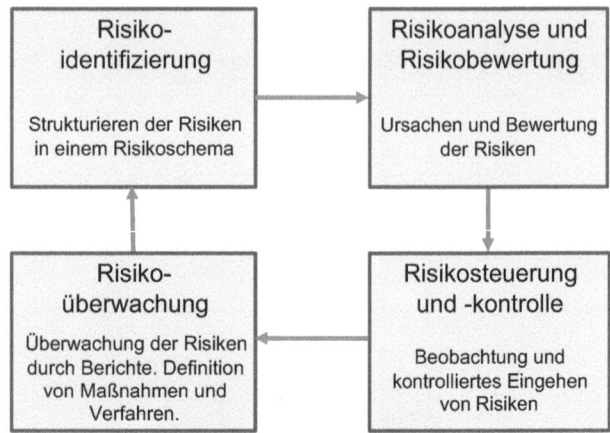

Abb. 3.2 Kategorisierung der Risikoarten. (Quelle: Eigene Darstellung)

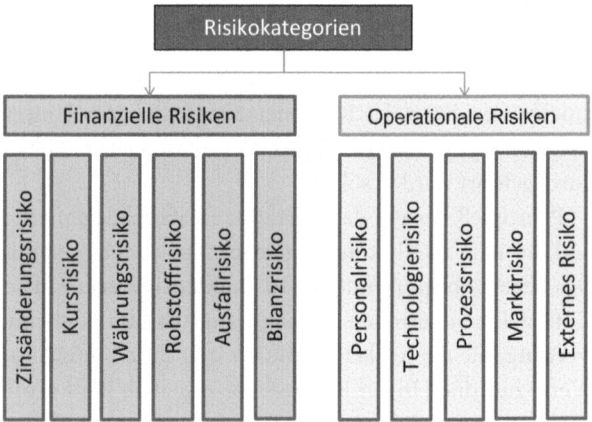

Generell können die in einem Unternehmen auftretenden Risiken in Risiken finanzieller Art (**Finanzielle Risiken**) und Risiken operationaler Art (**Operationale Risiken**) unterschieden werden (vgl. Abb. 3.2). Diese Klassifizierung nach der Art des Risikos ist der erste Schritt zum Aufbau eines Risikoschemas. Risiken finanzieller Art wirken dabei auf die finanzielle Seite des Unternehmens, während die Risiken operationaler Art auf die produktive Seite oder die Leistungserstellung des Unternehmens wirkt.

Wie angesprochen wird das gesamte Risikomanagement sehr von der Art des Unternehmens beeinflusst. Ein Unternehmen, das sich stark auf die Produktion fokussiert hat und finanziell unabhängig agieren kann, hat seine wesentlichen Risiken auf der operationalen Seite, während ein finanzlastiges Unternehmen (Bank, Versicherung) die kritischen Risiken auf der finanziellen Seite sieht.

Die Autoren nehmen hier nur eine sehr grundsätzliche Kategorisierung vor. Einzelne Risikoarten können je nach Unternehmensstruktur in andere Risikokategorien eingeordnet werden oder fallen bei anderen Firmen erst gar nicht an.

Der zuständige Risikomanager als Verantwortlicher für die Ermittlung der im Unternehmen vorhandenen Risiken (vgl. Kap. 2.2) sucht nun nach Risikoarten, die im Unternehmen auftreten können. Dabei ist auch Kreativität gefragt. Nicht nur offensichtliche Risiken sollten erkannt, sondern auch nach versteckten Risiken soll explizit gesucht werden („think the unthinkable"). Dies macht diese Tätigkeit spannend und sollte sehr kreativ angegangen werden.

3.1.1 Risikoarten bei finanziellen Risiken

Risikoarten bei finanziellen Risiken sind natürlich essentiell bei Unternehmen, deren Haupt-Tätigkeitsfeld im Finanzsektor liegt. Zudem sind sie sehr wichtig bei Unternehmen, die sehr viel Fremdkapital in der Bilanz aufweisen oder stark von Rohstoffen jeglicher Art abhängig sind. Gerade Rohstoffpositionen unterliegen starken Marktschwankungen, die erhebliche Risiken beinhalten.

Zinsänderungsrisiko

Ein klassisches finanzielles Risiko, das fast alle Unternehmen betrifft, ist das Zinsänderungsrisiko. Darunter wird die Veränderung des Marktzinses verstanden, die auf alle weiteren Zinsarten Einfluss nimmt (z. B. Hypothekenzinssätze). Dieses Zinsänderungsrisiko ist auch nicht homogen zu sehen. Es kann sein, dass Zinsen in einem Land ansteigen, während sie in einem anderen Land fallen. Zudem ist es möglich, dass Zinssätze für längere Anlage- oder Finanzierungsarten steigen, während sie für kürzere Laufzeiten fallen und umgekehrt.

Grund für eine Veränderung der Marktzinssätze ist die **Bonität** von Krediten, die ein Land am Kapitalmarkt aufnimmt. Unter dem Begriff Bonität wird dabei die Fähigkeit des Landes verstanden, diese Kredite absolut und fristgerecht an den Gläubiger zurückzahlen zu können. Diese Bonität wird von unterschiedlichen Teilnehmern am Kapitalmarkt auch ganz unterschiedlich eingeschätzt. Daher gibt es Länder mit sehr niedrigem Zinsniveau und Länder mit sehr hohem Zinsniveau.

Je länger das Geld eines Schuldners gebunden ist, d. h. je länger der Kredit läuft, umso größer wird das Risiko für den Gläubiger, sein Kapital nicht zurückzuerhalten. Daher sind normalerweise Zinssätze für kürzere Laufzeiten (1 bis 3 Jahre) niedriger als Zinssätze für längere Laufzeiten (7 bis 10 Jahre). Man spricht von einer „normalen" Zinsstrukturkurve (vgl. Abb. 3.3). Historisch betrachtet hat sich das Zinsniveau in Deutschland sehr stark verändert. Lagen die Zinsen in Deutschland Mitte der 1980er-Jahre bei ca. 6 %, so stieg dieses nach der Wiedervereinigung auf bis zu 10 % an. Grund hierfür waren die Bedenken, ob Deutschland seine durch die Wiedervereinigung großen Staatsschulden zurückzahlen kann. In den 1990er-Jahren und ab 2000 fiel das Zinsniveau wieder sehr stark, da sich die Bonität von Deutschland stark verbesserte.

Die Bonitätsstruktur hat auch Einfluss auf die Zinsstruktur, d. h. die Zinssätze mit unterschiedlicher Fristigkeit. Von einer „normalen" Zinsstruktur Ende 1987 entwickelte sich die Zinsstrukturkurve Ende 1991 zu einer sogenannten „inversen" Zinsstruktur (vgl. Abb. 3.3). Dabei haben die kürzeren Laufzeiten höhere Zinsen als die langen Laufzeiten.

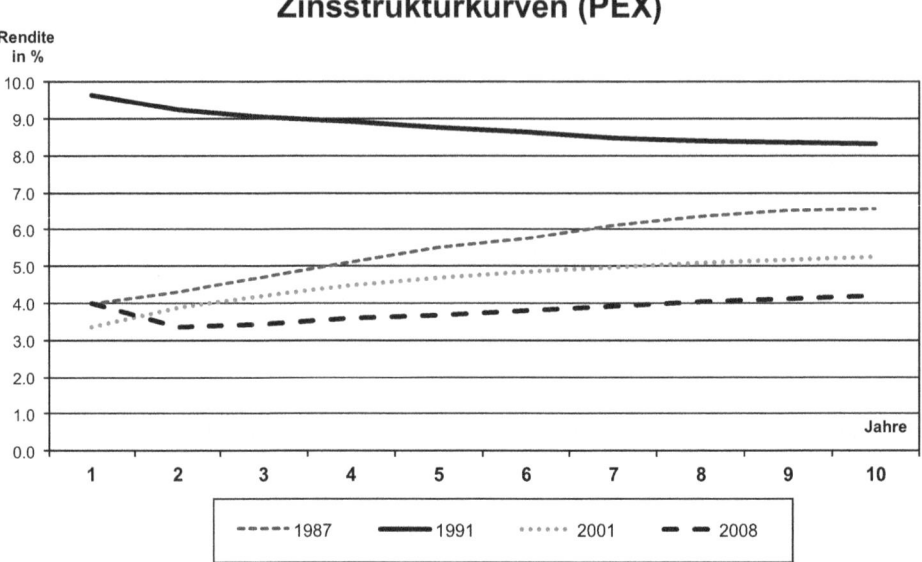

Abb. 3.3 Beispiel für Zinsstrukturkurven. (Quelle: Eigene Darstellung)

Auch dies war der Bonität geschuldet. Der Kapitalmarkt war damals der Auffassung, dass Deutschland kurzfristig Liquiditätsprobleme bekommen könnte, längerfristig die Aussichten aber aufgrund der gestiegenen Einwohnerzahl besser werden. Somit wurde eher langfristig investiert (was sich auch als richtig herausstellte) als kurzfristig.

In den letzten Jahren entwickelte sich die Zinsstruktur verstärkt zu einer „flachen" Zinsstrukturkurve. Dabei werden, egal welche Fristigkeit vorliegt, die gleichen oder fast die gleichen Zinssätze bezahlt. Historisch betrachtet konnte man „flache" Zinskurven immer dann feststellen, wenn sich Zinsen drehten, d. h. sich steigende Zinsen in fallende Zinsen oder fallende Zinsen in steigende Zinsen veränderten.

Die Marktzinsen haben nun erheblichen Einfluss auf die Zinsen in den Unternehmen. Werden z. B. durch das Unternehmen Kredite abgeschlossen, so setzt sich der vom Unternehmen zu zahlende Kreditzins aus den Marktzinssätzen des jeweiligen Landes zuzüglich einem dem Unternehmen angemessenen Zinszuschlag zusammen. Auch hier ist wieder die Bonität die entscheidende Größe. Ist das Unternehmen sehr gut aufgestellt und besteht wenig Grund, an der Rückzahlung der Kredite zu zweifeln, so ist der Zinszuschlag niedrig, im umgekehrten Fall hoch (bzw. der Kredit wird erst gar nicht erteilt). Dieser Zinszuschlag ist i. d. R. unabhängig von den gerade geltenden Zinsen im Markt. Das bedeutet, dass sich das eigentliche Zinsänderungsrisiko für das Unternehmen auf die Marktzinsen beschränkt.

Das Risiko, das sich nun aus der Veränderung der Marktzinsen ergibt, ist relativ hoch. Dies lässt sich gut an einem einfachen Beispiel erkennen. Nimmt ein gutes Unternehmen einen Kredit zu 10 Mio. € bei einem Zinssatz von 6 % (Marktzinsen 4 %, Zinszuschlag 2 %) für 5 Jahre auf, so zahlt das Unternehmen jährliche Zinsen von 600.000 € (endfällige Tilgung). Möchte das Unternehmen nach den 5 Jahren Laufzeit den Kredit verlängern (prolongieren), ist es von den dann veränderten Marktzinsen abhängig. Sind diese bei-

3.1 Risikoidentifikation

Abb. 3.4 Kursveränderungen von Erdöl Nordsee Brent. (Quelle: Eigene Darstellung nach Zahlen von Stooq)

spielsweise von 4 auf 8 % gestiegen, so muss das Unternehmen nun 1 Mio. € (weiterhin Zinszuschlag 2 %) aufbringen. Diese nun fast doppelt so hohe Zinsbelastung könnte eine erhebliche Belastung für das Unternehmen bedeuten und im Extremfall zur Insolvenz führen. Wie dieses Risiko analysiert und genau zu bewerten ist, wird in Kap. 3.2.1 beschrieben.

Kursrisiko

Das Kursrisiko oder auch Marktrisiko wird über Kurse definiert. Diese Kurse erhält man normalerweise von Positionen, die an einer Börse gehandelt werden. Börsen sind in diesem Zusammenhang Mittler zwischen den Käufern einer Position und den Verkäufern. Börsen handeln Wertpapiere (Aktien oder Anleihen), Derivate aber auch Ressourcen (Gold, Öl oder andere Rohstoffe). Ähnlich zum Zinsänderungsrisiko bewerten die Marktteilnehmer die Positionen unterschiedlich, sodass über den Zeitablauf durch eine veränderte Einschätzung unterschiedliche Kurse (Kursbewegungen) zustande kommen. Diese können für den Käufer einer Position positive Veränderungen oder negative Veränderungen bedeuten.

Börsen haben dabei den Vorteil, dass sie die gehandelten Positionen standardisieren. Öl wird beispielsweise auf ein Barrel Nordsee (UK) Brent[1] bezogen. So weiß jeder Börsenteilnehmer, der diese Position handelt, von was genau gesprochen wird. Kostete 1 Barrel Anfang 2007 noch 60,72 US$ (Kurs 60,72), stieg diese Position durch Verknappung des Öls am 11. Juli 2008 auf 147,16 US$ an (vgl. Abb. 3.4).[2]

---

[1] Unter einem Barrel Nordsee Brent versteht man 158,984 Liter Rohöl von der Qualität des geförderten Öls aus der Nordsee. Dieses wird heute als Standard- und Vergleichsgröße für Erdöl aus Europa, Afrika und dem Nahen Osten genutzt.

[2] Zahlen nach Stooq vgl. www.stooq.de/q/?s=cl.f. Zugegriffen: 16. März 2013.

Also musste für 1 Barrel 86,44 US$ mehr bezahlt werden. Braucht das Unternehmen regelmäßig ein Volumen von 1 Mio. Barrel so ergeben sich nur durch die Kursveränderung des Öls Mehrkosten von 86,44 Mio. €.

Wie auch das Zinsänderungsrisiko kann das Kursrisiko daher zu erheblichen Verlusten oder zur Insolvenz führen. Auf die Analyse und Bewertung wird wiederum in Kap. 3.2.1 näher eingegangen.

Ausfallrisiko

Von einem Ausfall spricht man bei einem Totalverlust einer eingegangen Position. Diese Position kann vielschichtig sein. Wertpapiere wie Aktien oder Anleihen können ausfallen, wenn ein Unternehmen in Konkurs geht oder ein Unternehmen oder Land seine Kredite nicht begleichen kann. Auch eine Immobilie kann zerstört werden, eine Maschine kaputt gehen oder ein Schiff sinken. Dies würde zu einem kompletten Verlust der Position führen. Je nach Wichtigkeit der einzelnen ausgefallenen Position, wird dann das Risiko eingeschätzt. Eine ausgefallene Maschine bei einer Produktionsanlage mit 1.000 Maschinen ist zu verschmerzen. Hat die Produktionsanlage aber nur zwei Maschinen, ist das Ausfallrisiko enorm.

Ein Ausfall muss aber nicht unbedingt immer total sein. Ein Land kann vielleicht nur 50 % seiner Schulden zurückzahlen (Schuldenschnitt), so ist der Ausfall zwar erheblich, aber nicht umfassend. Dies wirkt sich dann auf die Kurse der Positionen aus, die um die ausgefallene Position sinken. Teilweise nimmt der Markt (Börse) einen Ausfall schon vorweg, der dann eventuell gar nicht in diesem Maße kommt (z. B. Griechenlandanleihen). So wirkt der mögliche Ausfall zunächst als erhebliche Kursveränderung nach unten, wird vielleicht aber später wieder nach oben korrigiert. Das Ausfallrisiko bewirkt somit ein hohes Kursrisiko. Bezüglich des Ausfalls von Wertpapieren, Forderungen oder Krediten wird wieder die Bonität einem möglichen Ausfall gegenübergestellt. Das Ausfallrisiko ist kleiner, je höher sich die Bonität eines Landes oder Unternehmens darstellt.

Auch das Ausfallrisiko kann sehr bedrohlich für das gesamte Unternehmen werden. Die Analyse und Bewertung dieser Risikoart wird im Kap. 3.2.2 eingehend untersucht.

Währungsrisiko

Währungsrisiken entstehen immer dann, wenn ein Unternehmen unterschiedliche Währungen im Unternehmensprozess verarbeiten muss. Dies kann beispielsweise durch eine Produktion in Deutschland und den Verkauf in den USA entstehen. Durch den Verkauf erhält das Unternehmen Rückflüsse in US$, da eine Produktion aber in Euro erfolgt, kann es je nach Dollar-Euro Entwicklung zu einem Mismatch (Inkongruenz) kommen, der das Unternehmen in Probleme bringen kann. Je nach Währungsentwicklung hat das Unternehmen Schwierigkeiten, seine Produktion mit den Rückflüssen in US$ zu bezahlen (niedriger Dollarkurs), oder aber es macht deutlich mehr Gewinn, als ursprünglich geplant (hoher Dollarkurs).

Auch Finanzinvestitionen bergen Währungsrisiken, die nicht gleich offensichtlich sind. Beteiligt sich ein Unternehmen z. B. an einem in Deutschland börsennotierten amerikanischen Unternehmen, so erhält man den Kurs dieses Unternehmens in Euro. Im Regelfall werden die Anteile dieses Unternehmens in den USA in Dollar gehandelt. Der deutsche Kurs ist dann im Wesentlichen nur die Umrechnung des Dollarkurses in den Eurokurs. Steigt der Wert des Unternehmens in den USA an, der Dollarkurs fällt aber stark zum Eurokurs ab, fallen für das deutsche Unternehmen Wertberichtigungen in der Bilanz an, an die aufgrund der positiven Entwicklung des Partnerunternehmens keiner gedacht hat.

Auch dieses Risiko muss im nächsten Schritt eingehend analysiert und bewertet werden.

Rohstoffrisiko

Rohstoffrisiken[3] stehen unter dem Kapitel „finanzielle Risiken", da die meisten signifikanten Rohstoffe börsennotiert sind und damit Kursen unterliegen. Das Rohstoffrisiko geht in diesem Falle in das Kursrisiko (Preisrisiko) über. Zudem bergen Rohstoffe aber noch das Problem der Regeneration und Gewinnung. Durch extreme Verknappung wird der Kurs/Preis für das Gut zwar deutlich ansteigen, der Rohstoff wird sich aber nicht vermehren. Im Extremfall kann ein Unternehmen, das dringend für seine Produktion auf einen bestimmten Rohstoff angewiesen ist, zwar hohe Preise für einen Rohstoff bieten, aber diesen dennoch nicht bekommen, da er einfach nicht am Markt angeboten wird. Der gesamte Produktionsprozess des Unternehmens würde hiermit beeinflusst. Diese Risiken im Unternehmen zu kennen (Risikoidentifikation), zu analysieren und zu bewerten (Risikobewertung) und den Umgang zu definieren (Risikocontrolling) ist Kernaufgabe des Risikomanagements.

Bilanzrisiko

Unter einem Bilanzrisiko versteht man das Risiko, dass die vom Unternehmen zum Bilanzstichtag angestrebte Bilanz (Planbilanz) nicht erreicht wird. Durch unvorhergesehene Belastungen wie Abschreibungen oder Rückstellungen können die Ziele eines Unternehmens bezüglich der Bilanzkennzahlen verfehlt werden. Muss aufgrund neuer Rechnungslegungsvorschriften z. B. eine Rückstellung deutlich erhöht werden, so kann ein an sich florierendes Unternehmen plötzlich bilanziell Verluste schreiben, was am Markt im Regelfall nicht positiv aufgenommen wird. Versucht dieses Unternehmen gerade einen großen Kredit zu erhalten, so machen sich diese bilanziellen Probleme auch operativ über einen höheren Risikoaufschlag, den das Unternehmen dann meist zu zahlen hat, bemerkbar.

3.1.2 Risikoarten bei operationalen Risiken

Risikoarten bei operationalen Risiken sind entscheidend bei Unternehmen, deren Haupt-Tätigkeitsfeld im Produktionssektor liegt. Sie treten natürlich auch bei allen an-

---

[3] Als Rohstoff werden hier Primärrohstoffe (natürliche Ressourcen wie Erze oder Getreide) und Sekundärrohstoffe (wiederaufgearbeitete Ressourcen wie Schrott) bezeichnet.

deren Unternehmen auf, haben dort aber nicht die starke Bedeutung für das gesamte Unternehmen.

Bei Banken und Versicherungen sind die essenziellen Risiken die in Kap. 3.1.1 aufgeführten finanziellen Risiken. Da die finanzielle Seite gleichzeitig das Standardgeschäft der Finanzindustrie darstellt (quasi die Produktion), könnten diese Risiken auch als operationale oder operationelle Risiken geführt werden. Die Trennung in finanzielles Risiko und operationales Risiko ist allerdings nur strukturell und nicht bindend zu verstehen.

Marktrisiko oder Absatzrisiko
Das Marktrisiko für produzierende Unternehmen stellt die Gefahr dar, dass ein Unternehmen am Markt vorbei produziert. D. h. die Produkte des Unternehmens können nicht mehr verkauft werden oder die angestrebte, zu verkaufende Stückzahl an Produkten wird nicht erreicht. Dies führt zu einem Absatzeinbruch, der sich natürlich auch finanziell bemerkbar macht.

Gründe für diesen Absatzknick könnten ein veränderter Kundengeschmack, technologische Probleme, veraltete Produkte oder Imageprobleme sein. Entsprechend der grundsätzlichen Definition des Risikos werden durch Absatzziele korrespondierende Absatzrisiken erzeugt. Schwanken die Umsätze der Produkte stark, so erzeugt dies hohe Risiken.

Prozessrisiko
Unter Prozessrisiko versteht man interne Unternehmensprozesse, die, sollten die Prozesse nicht optimal ablaufen, dem Unternehmen Schaden zufügen können. Darunter fallen insbesondere Entwicklungsprozesse für neue Produkte und die Produktionsprozesse für bestehende Produkte. Auch Rechtsrisiken könnten hierunter fallen.

Fallen Zulieferer aus oder müssen Fahrzeuge im großen Stil zurückgerufen werden, entstehen dadurch natürlich erhebliche Kosten, die plötzlich auf das Unternehmen zukommen. Auch Klagen von Kunden, Lieferanten oder Konkurrenten können zu erheblichen finanziellen Unsicherheiten führen. Aufführen könnte man auch die Einführung von neueren Unternehmensablaufstrukturen (-prozessen), die meist über interne Projekte abgedeckt werden. In diesem Fall spricht man von einem Projektrisiko, das je nach Wichtigkeit des Projekts für das Unternehmen große Relevanz haben kann.

Auch hier gilt, dass das Unternehmen für die angesprochenen Prozesse Ziele erarbeitet, die erreicht werden sollen (z. B. Produktionsziele). Schwanken die Produktionsergebnisse sehr stark, so kann von einem hohen Risiko (dem Prozessrisiko) ausgegangen werden. Schwankungen nach unten (Zielverfehlung) können für das Unternehmen sehr teuer werden, da ggf. Vertragsstrafen zu zahlen sind oder ein Absatzausfall im großen Stil droht.

Technologierisiko
Ein Technologierisiko kann durch eigene oder durch fremde Technologie im Unternehmen auftreten. Sind die eigen produzierten Produkte fehlerhaft, treten durch die Technologie Produktrisiken auf. Diese beschreiben Gefahren, die zum einen zu Problemen beim Kunden durch Ausfall, Versagen oder Zerstörung des Produktes und damit auch zu Lasten des Herstellers über Haftung, Imageverlust und Wartungsaufwand führen können. Veraltete Technologie der eigenen Produkte lässt sich im Regelfall schlecht verkaufen und führt zu Absatzproblemen (Absatzrisiko).

Fremde Technologie könnte dagegen das eigene Unternehmen schädigen. Wird die fremde Technologie in die eigenen Produkte eingebaut, führt dies wieder zu den obigen Produktrisiken. Wird die fremde Technologie für den eigenen Produktionsprozess genutzt, kann dieser bei Versagen der Technologie stark gestört werden oder im Extremfall ausfallen. Hierunter fallen in der heutigen Zeit insbesondere Software- oder Datenbank-Probleme.

NC-Maschinen (numerical control, numerisch gesteuerte Maschinen) zur Produktion werden heute in der Regel von Computersystemen gesteuert. Fällt dieser Rechner aus, wird der gesamte Produktionsprozess lahmgelegt. Auch in der Verwaltung und im Vertrieb werden spezielle Software-Systeme eingesetzt. Der Ausfall dieser Systeme könnte ein Unternehmen sehr stark schädigen. Aufgrund der starken Computerisierung der Produktions-, aber auch der Dienstleistungslandschaft, ist die Abhängigkeit von der Computertechnologie (hierunter sollte auch Internet oder Intranet summiert werden) sehr stark in den letzten Jahren gestiegen.

Personalrisiko
Personalrisiko ist das Risiko, für ein Unternehmen sehr wichtige Mitarbeiter zu verlieren oder durch Mitarbeiter einen erheblichen Schaden zu erleiden.

Durch Mitarbeiter dem Unternehmen zugefügte Schäden können dabei unbeabsichtigt oder beabsichtigt geschehen. Durch zu geringe Qualifikation für die ausgeübte Tätigkeit oder durch z. B. stressbedingte nachlassende Konzentration passieren oft unbeabsichtigte Schäden oder Unfälle, die durch effektiveren Personaleinsatz vermieden werden könnten. Diese Fehler schaden meist dem Mitarbeiter und dem Unternehmen. In manchen Produktionen muss aber teilweise ein gewisser Grad von Fehlern in den Produktionsprozess einkalkuliert werden, dem über ein effektives Qualitätsmanagement entgegengesteuert wird.

Beabsichtigte Schäden sind dagegen meist schwerwiegender. Mitarbeiter können versuchen, einen persönlichen Vorteil aus Diebstahl, Betrug oder sehr riskanten Geschäftspraktiken zu ziehen. Insbesondere Finanzdienstleistungsunternehmen sind hier sehr stark gefährdet. So erfuhr im Jahre 1995 die britische Barings Bank durch einen ihrer Händler Nick Leeson einen Verlust in Höhe von 825 Mio. Pfund Sterling.[4] Dieser hatte versucht, durch extrem riskante Geschäfte mit Derivaten den Gewinn seiner Bank zu erhöhen und damit sein Renommee in der Bank und sein eigenes gewinnabhängiges Gehalt zu steigern. Bedingt durch Leesons Fehlspekulationen kam sogar das britische Pfund enorm unter Druck. Zudem brach die Barings Bank zusammen und wurde an die niederländische ING-Bank verkauft (für symbolisch ein Pfund). Ähnlich erging es der amerikanischen Bank JP Morgan Chase 2012. Durch einen Derivatehändler musste ein Spekulationsverlust von 2 Mrd. US$ realisiert werden. Auch die französische Großbank Société Générale war betroffen. Durch Spekulationsgeschäfte eines Mitarbeiters musste sogar ein Verlust von 4,82 Mrd. € eingestanden werden. Diese Banken hatten aber noch

---

[4] Beim damaligen Wechselkurs hätte dies umgerechnet einen Verlust von ca. 950 Mio. € bedeutet.

genügend Substanz, um wenigstens weiter ihre Geschäfte betreiben zu können. Dies sind nur wenige Beispiele einer Vielzahl von erheblichen Verlusten durch Personalrisiken.

In vielen Fällen stellt der Verlust wichtiger Mitarbeiter ein weiteres hohes Risiko für ein Unternehmen dar. Verliert ein Unternehmen durch Tod, Unfall, Alter oder Abwerbung der Konkurrenz einen Mitarbeiter in einer Schlüsselposition, droht durch den Verlust dieser Kompetenz ein Vakuum im Unternehmen, das teilweise nur schwer zu kompensieren ist. Kundenabgänge oder Produktionsverluste könnten die Folge sein. Nimmt der Mitarbeiter in exponierter Position (z. B. Vertrieb) noch weitere Kollegen und im Extremfall noch Kunden mit, kann dies sogar zur Existenzgefährdung eines Unternehmens führen.

Als Reaktion auf die relativ hohe Gefährdung des Unternehmens im Personalbereich, sollte eine rechtzeitige Früherkennung (Risikoidentifikation) erfolgen, um geeignete Lösungen für das Unternehmen zu generieren (Risikocontrolling).

Externes Risiko
Auch die Risiken, denen sich ein Unternehmen stellen muss, die es aber nicht selbst beeinflussen kann, sind vielfältig. Unternehmen agieren als Teile der Wirtschaft eines Landes und sind damit auch der Politik dieses Landes unterstellt (politisches Risiko). Durch politische Entscheidungen kann ein einzelnes Unternehmen sehr stark negativ betroffen sein (z. B. Energieversorger durch die Abschaffung von Kernkraftwerken). Insbesondere die durch die Politik beeinflusste Steuerpolitik eines Landes birgt sehr große Unwägbarkeiten (z. B. Einführung von Vermögens- oder Genusssteuern).

Hiermit verbunden ist die Umweltpolitik eines Landes. Durch hohe umweltschützende Auflagen werden Unternehmen zu großen Ausgaben gezwungen (z. B. durch Abgasvorschriften). Teilweise führt dies zur Einstellung von Produkten, die nicht den aktuellen Umwelt-Standards entsprechen. Gerade in der Umweltpolitik müssen Unternehmen aber sehr vorsichtig agieren. Durch die sich veränderten gesellschaftlichen Werte sieht auch der Kunde eines Unternehmens die Umweltpolitik in einem anderen Licht. Unternehmen, die der Umweltpolitik entgegen wirken, stehen alsbald am Pranger der Gesellschaft und haben mit einem negativen Image zu kämpfen, was sich wieder beim Produktabsatz negativ bemerkbar macht (z. B. BP nach der Umweltkatastrophe 2010 im Golf von Mexiko[5]).

Weitere externe Risiken sind Naturkatastrophen (auch Umweltrisiko) und Kriege oder Umstürze in einem Land (auch Politikrisiko). Insbesondere sehr starke Stürme führten vor allem in den USA zu hohen Schäden und Produktionsausfällen (zuletzt der Wirbelsturm Sandy Ende 2012). Nach Zahlen insbesondere von Rückversicherungsunternehmen (z. B. der Münchner Rück) kann ein Trend erkannt werden, dass die Anzahl und Höhe der Naturkatastrophen in den letzten Jahren immer weiter angestiegen ist. Das hierin liegende Risiko ist für die meisten Unternehmen daher nicht zu unterschätzen.

Selbstverständlich können auch kleinere Schäden wie Hagel oder ein Wassereinbruch für Unternehmen bedeutend sein und sehr hohe Ausfälle nach sich ziehen. Der Umgang mit diesen Risiken wird im Risikocontrolling optimiert.

---

[5] BP musste zudem noch eine Strafe in Höhe von 4,5 Mrd. US $ zahlen.

3.1 Risikoidentifikation

Risikoschema bei einem Lebensversicherungsunternehmen

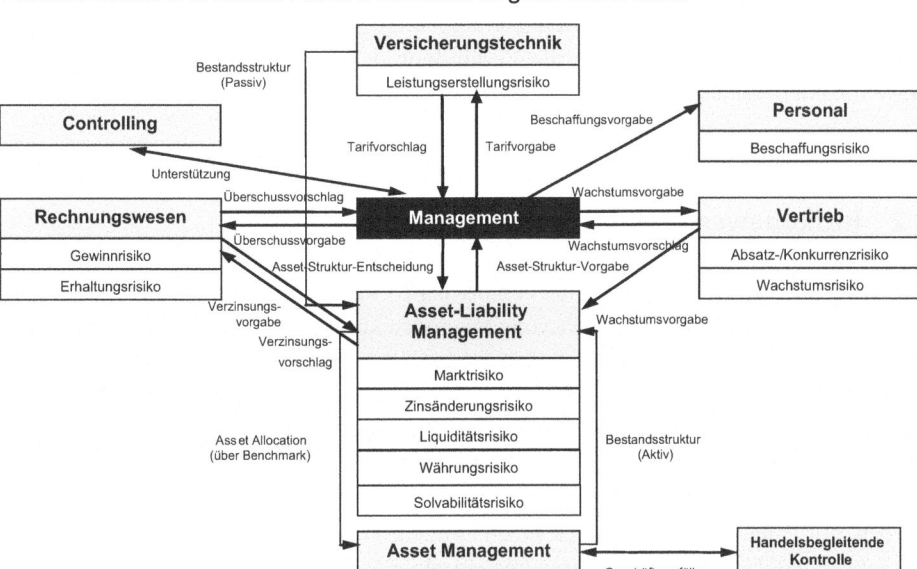

Abb. 3.5 Beispiel für ein Risikoschema. (Quelle: Enthalten in: Wengert 2000, S. 91)

3.1.3 Strukturierung der Risiken mit Hilfe eines Risikoschemas

Wie angesprochen können in diesem Kapitel nie alle Risiken eines Unternehmens gezielt genannt und beschrieben werden, da es einfach zu viele unterschiedliche Unternehmen gibt. Auch die Einteilung in finanzielle und operationelle Risiken ist nur generell haltbar. Auch hier könnten Risikokategorien je nach Unternehmensart anders eingruppiert werden. Wichtig im Risikomanagement ist nur, die für das eigene Unternehmen auftretenden Risiken zu erkennen und zu beschreiben.

Das Erkennen der Risiken im Unternehmen ist aber nur die eine Seite der Medaille. Wichtig, um die Risiken in einem Unternehmen genau einschätzen zu können, ist zudem der Einfluss, den ein Risiko auf ein anderes Risiko hat. Verliert beispielsweise ein Unternehmen einen wichtigen Mitarbeiter in der Forschung (Personalrisiko), so kann dies zu einem Technologierisiko (Produkt ist nicht mehr technisch aktuell) und dann zu einem Marktrisiko (Absatzrisiko) führen, da diese Produkte nicht mehr optimal am Markt platziert werden können.

Auch diese Verbindungen der Risiken zueinander lassen sich nicht vorab definieren, sondern treten in jedem Unternehmen anders auf. Schwierig ist es zudem, diese Verbindungen „trocken" zu erkennen. Meist kommen sie erst ans Licht, wenn ein Schaden oder ein Problem konkret auftritt. Dann gilt es für den Risikomanager, diese Verbindung zu erkennen und festzuhalten, damit das Unternehmen künftig vor ähnlichen Überraschungen in der Zukunft gefeit ist. Ein Beispiel für die Verbindungen einzelner Risiken zueinander gibt die Abb. 3.5.

Ist eine Identifikation aller Risiken im Unternehmen abgeschlossen und wurden zudem die Verbindungen der Risiken zueinander aufgezeigt, so werden im nächsten Schritt die einzelnen Risiken bewertet. Auch die Verbindung der Risiken zueinander kann in die Bewertung der Risiken aufgenommen werden.

3.2 Risikobewertung

Die Bewertung der im obigen Kapitel beschriebenen Risiken ist unter vielen Aspekten zu betrachten. Mathematisch anspruchsvolle Methoden können eine Hilfe darstellen, grundsätzlich ist aber ein kritisches Hinterfragen der Vorrausetzungen und Ergebnisse jeder mathematischen Analyse zwingend geboten. Der Grund hierfür ist einfach. Die Realität ist einfach viel komplexer als alle mathematischen Modelle. Dennoch sind im Moment diese Modelle der bestmögliche Ansatz.

Es liegt in der Natur der Sache, dass die Bewertungsmethoden, die hier vorgestellt werden, nur einen groben Überblick geben können. Trotzdem sind die Autoren bemüht, die notwendige Tiefe bei der Beschreibung einzelner Methoden nicht zu vernachlässigen.

Zunächst wollen wir uns mit der Frage auseinandersetzen, was bei einer Risikobewertung überhaupt zu ermitteln ist. Grundsätzlich versucht man im Rahmen des Risikomanagements, (negative) Szenarien in ihren Auswirkungen zu quantifizieren, dabei orientiert man sich entweder an den absoluten Preisen (bzw. Markt-Werten) der einzelnen Risikoklassen oder den erzielbaren Renditen innerhalb einzelner Perioden.

Betrachtet man die gängigsten Methoden so lassen sich vier wesentliche Aspekte bzw. Fragestellungen erkennen (Abb. 3.6):

1. Die Stärke von Preis- und Wertänderungen,
2. Der Grad des Matchings von Cash Flows,
3. Die Ausfallwahrscheinlichkeiten und
4. Die Ermittlung von Gesamtrisiken.

Die erste Klasse von Methoden, setzt sich mit der Frage auseinander, inwieweit sich Vermögenswerte (zum Teil auch Verbindlichkeiten) wertmäßig verändern, wenn sich wertbildende Parameter verändern. Es wird also nach der Preissensitivität bezüglich einzelner Parameter gefragt.

Die zweite Klasse von Methoden ist zukunftsgerichtet und untersucht den Grad der Abstimmung zwischen Zahlungsströmen, die sich aus einzelnen Risikopositionen ergeben oder im negativen Szenario nicht ergeben.

Die dritte Klasse von Methoden orientiert sich stark an der Statistik. Als Risiko wird das Verfehlen eines Mindestergebnisses interpretiert. Die Ausfallwahrscheinlichkeit gibt hierzu die entsprechende Wahrscheinlichkeit an. Diese hängt somit stets von einem vor-

3.2 Risikobewertung

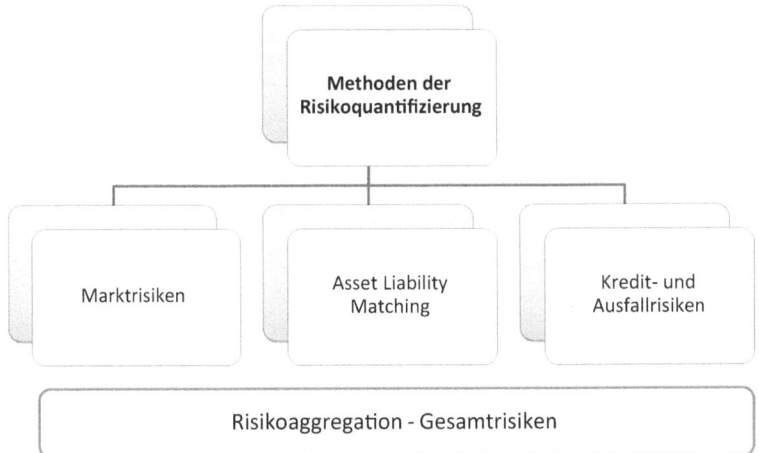

Abb. 3.6 Übersicht der Methoden der Risikoquantifizierung. (Quelle: Eigene Darstellung)

her definierten Mindestergebnis ab. Häufig wird die Fragestellung aber genau umgekehrt formuliert, was zum Konzept des Value-at-risk (VaR) führt. Hier wird dann die Frage aufgeworfen, welches Mindestergebnis mit einer vorab festgelegten Wahrscheinlichkeit verfehlt wird.

Die vierte Klasse von Methoden fasst die Einzelrisiken schließlich zusammen und versucht, Abhängigkeiten und Korrelationen (Bewertung der Verbindungen) zwischen den einzelnen Risikoklassen zu berücksichtigen.

Viele der nachfolgend vorgestellten Methoden bedienen sich statistischer Berechnungen, wobei insbesondere Stichprobenanalysen, Verteilungsparameter und deren Schätzfunktionen die entscheidende Rolle spielen. Einen Überblick der wichtigsten statistischen Begriffe in diesem Zusammenhang findet der Leser im Anhang.

3.2.1 Marktrisiken (Preis- und Wertänderungen)

Die mit Preis- und Wertänderungen verbundenen Risiken werden in der Literatur auch als Marktrisiken bezeichnet. Marktrisiken sind sie aber nur bei Finanzdienstleistungsunternehmen. Prinzipiell lassen sich mit diesen Modellen alle Risiken bewerten, die Wertveränderungen nach sich ziehen. Darunter fallen Kursrisiken sowie Währungs- und Rohstoffrisiken aber ggf. auch Absatzrisiken. Im Wesentlichen lassen sich dabei zwei Klassen von Risikokennzahlen unterscheiden, die sich aufgrund unterschiedlicher Basisinformationen ergeben:

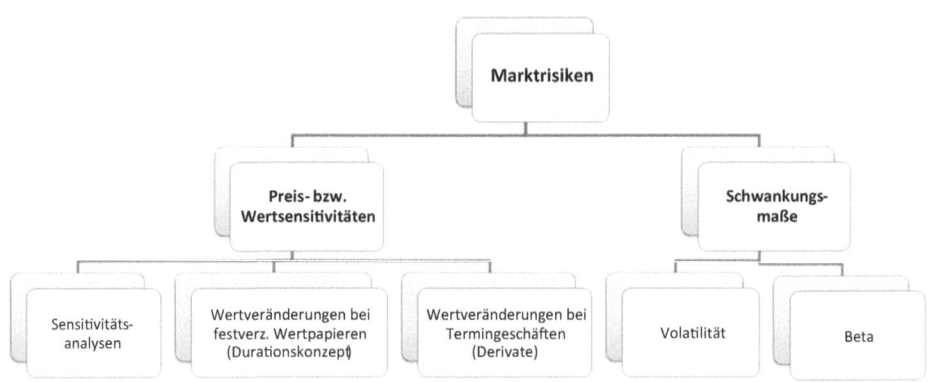

Abb. 3.7 Methoden der Bewertung von Marktpreisrisiken. (Quelle: Eigene Darstellung)

- **Empirische Modelle bei Ungewissheit**:
Modelle, bei denen Preise und Werte über Formeln ermittelt bzw. geschätzt werden. Dies ist immer dann notwendig, wenn zwischen Handlung und Ergebnissen keine oder nur unzureichende Informationen vorliegen. In diesen Fällen werden Sensitivitäten bezüglich der formel-bildenden Parameter ermittelt, d. h. Veränderungen dieser Parameter werden isoliert betrachtet und ihre Auswirkung auf den Preis möglichst quantifiziert (Preis- und Wertsensitivitäten entsprechend Abb. 3.7).
- **Statistische Modelle bei Risikosituationen**:
Modelle, bei denen historische Preise vorliegen und diese damit durch eine subjektive oder objektive Wahrscheinlichkeitsverteilung abbildbar sind. Hier werden dann im Regelfall die Preisschwankungen als Indikator des Risikos herangezogen. Im Falle der sogenannten Volatilität (annualisierte Standardabweichung σ) werden diese Schwankungen auf den Mittelwert der historischen Daten bezogen. Im Falle des sogenannten Beta β (vgl. Kap. 3.2.1.4). wird das Risiko ins Verhältnis zu einer vorgegebenen Benchmark gesetzt (Schwankungsmaße entsprechend Abb. 3.7).

3.2.1.1 Sensitivitätsanalysen

Große Investitionen werden in Unternehmen meist mithilfe von umfassenden Geschäftsprojektionen beurteilt. Sensitivitätsanalysen dienen bei solchen komplexen Modellen der Risikobewertung. Die Vorgehensweise soll kurz skizziert werden.

Ausgangspunkt bei der Bewertung von Investitionen ist in praxi meist die Projektion der sich aus der Investition ergebenden zukünftigen Bilanzen und GuV's. Insbesondere lassen sich gerade bei größeren Projekten die Informationen aus dem Rechnungswesen dazu verwenden, weitere wirtschaftliche Kennzahlen zu ermitteln.[6]

Die Projektion erfolgt i. d. R. über eine Abschätzung der Umsatzzahlen anhand entsprechender Marktrecherchen. Die geschätzten Umsätze sind wiederum Basis für alle weiteren Größen der Bilanz und GuV. Aus den so gewonnen Plan-Bilanzen und Plan-GuV's wer-

---

[6] Vgl. Gleißner und Romeike 2005.

3.2 Risikobewertung

den im nächsten Schritt Zahlungsströme (Cashflows) abgeleitet, wobei die Ertrags- und Aufwandsgrößen der GuV um die zahlungswirksamen Größen bereinigt werden.[7]

Die Bewertung der Cashflows erfolgt dann über den Kapitalwert und den internen Zins. Der Kapitalwert z. B. bei einer Investition wird gleichsam als Mehrwert einer Investition interpretiert, nachdem alle relevanten Kapitalkosten (d. h. Eigen- und Fremdkapitalkosten) abgegolten sind. Der interne Zins stellt im Wesentlichen die durchschnittliche effektive Verzinsung dar und sollte ebenfalls groß genug sein, um die bestehenden Kapitalkosten zu begleichen. Die dynamische Investitionsrechnung berücksichtigt das bestehende Investitionsrisiko nur implizit über den Diskontfaktor. Dieser sollte bei risikoreicheren Investitionen nach oben angepasst werden; insbesondere durch höhere (Eigen-) Kapitalkosten. Die hier gewählte Formulierung suggeriert bereits, dass dies in der Praxis zumeist nur ungenügend erfolgt. Vielmehr erfolgt die Ermittlung der Eigenkapitalkosten entweder willkürlich oder über die zwei gängigen theoretischen Ansätze des Dividend Growth Models oder des Capital Asset Pricing Models (CAPM) (vgl. Kap. 3.2.1.4). Beim Dividend Growth Model werden alle zukünftigen Dividenden eines Unternehmens zur Abschätzung von Eigenkapitalkosten verwendet, beim CAPM wird das sogenannte ß eines Unternehmens (bzw. dessen Aktie) herangezogen, um die Eigenkapitalkosten zu bewerten.

Beide theoretischen Ansätze vermögen es im Grunde nicht, spezifische Risiken auf Projektebene zu erfassen. In aller Regel werden somit alle Projekte eines Unternehmens (bzw. von Unternehmensteilen) mit denselben Kapitalkosten bewertet bzw. verglichen. Diese Unzulänglichkeit der dynamischen Investitionsrechnung versucht man durch Sensitivitätsanalysen zu kompensieren, d. h. man versucht, verschiedene mögliche Entwicklungen zu betrachten und zu quantifizieren. Es wird hierbei zwischen

- Szenario-Rechnungen und
- Zielgrößen-Änderungsrechnungen

unterschieden.

Bei den Szenario-Rechnungen werden verschiedene Szenarien analysiert, meist neben einem wahrscheinlichsten Szenario (normal case), zusätzlich ein schlechtester und ein bester Fall (worst- und best-case).

Die Zielgrößen-Änderungsrechnung ist eine weitere Form der Sensitivitätsanalyse. Dabei werden Änderungen von Inputgrößen in Prozent den prozentualen Änderungen des Gesamtergebnisses gegenübergestellt. Diese kann in eine **Break-Even-Rechnung** münden, bei der untersucht wird, wie stark sich Inputgrößen ändern dürfen, damit die Vorteilhaftigkeit der Investition unter Risikogesichtspunkten noch gegeben ist. Typischerweise wird eine solche Break-Even-Analyse auf Basis der Kapitalwertmethode durchgeführt, wobei die Fragestellung lautet: Bei welchem Schwellenwert einer bestimmten Inputgröße lohnt sich die Investition gerade noch (d. h. wann ist der Kapitalwert gerade Null).

---

[7] Vgl. Flad et al. 2012.

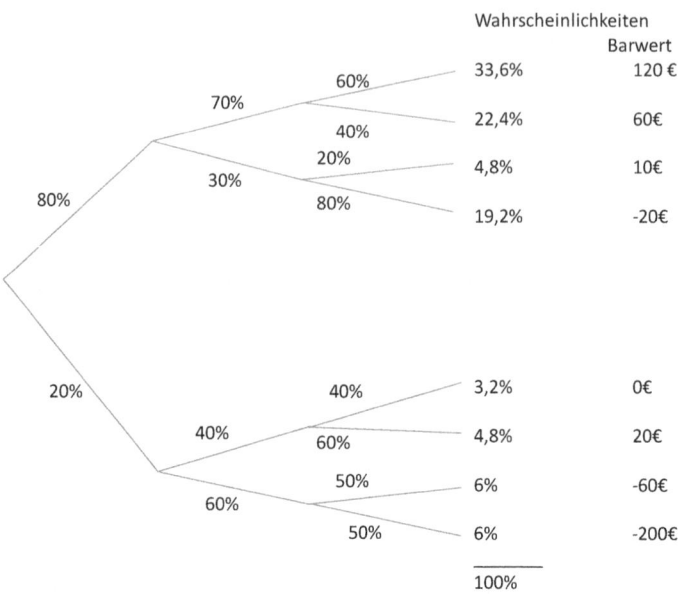

Abb. 3.8 Beispiel für einen Entscheidungsbaum. (Quelle: Eigene Darstellung)

Auch mit Sensitivitätsanalysen werden die grundsätzlichen Probleme der Entscheidungssituation unter Unsicherheit nicht gelöst. Es werden lediglich ganz bestimmte zusätzliche Fälle betrachtet, eine echte Bewertung findet nicht statt. Eine systematische Weiterentwicklung stellt die Technik der Entscheidungsbäume dar. Die Entscheidungsbaum-Technik ist ein grafisches Werkzeug, das dazu dient, den Einfluss unsicherer zukünftiger Änderungen von Inputparametern auf die Ein- und Auszahlungen einer Investitionsentscheidung mit Wahrscheinlichkeiten zu versehen. Somit wird eine entsprechende Gewichtung zukünftiger Ereignisse möglich und die Entscheidungssituation unter Unsicherheit quasi in eine Entscheidungssituation unter Risiko transformiert.

> **Beispiel**
>
> Dies soll nun obiges Beispiel erklären. Anhand der Entscheidungsbaum-Technik wurden für ein Projekt die aus Abb. 3.8 ersichtlichen Szenarien (Pfade) analysiert. So ergibt der erste Pfad (Szenario 1) einen Barwert von 120 € bei einer angenommenen Wahrscheinlichkeit von 33,6 %. Ein negativer Barwert ergibt sich bei den Szenarien 4, 7 und 8 bei einer Gesamtwahrscheinlichkeit von 31,2 % (19,2 % + 6 % + 6 %). Diese Überlegung wird später im Rahmen der Ausfallwahrscheinlichkeiten (vgl. Kap. 3.2.3) noch eingehender beleuchtet. Ferner liegt es nahe, den Erwartungswert und die Standardabweichung der Szenarien zu betrachten.
>
> Für den Erwartungswert und die Standardabweichung ergeben sich nun folgende Werte:
>
> Erwartungswert:
>
> $$E[X] = 33{,}6\,\% \cdot 120\;€ + 22{,}4\,\% \cdot 60\;€ + \ldots + 6\,\% \cdot (-200\;€) = 35{,}76\;€$$

3.2 Risikobewertung

Standardabweichung:

$$SD = \sqrt{33{,}6\% \cdot (120\,€ - 35{,}76\,€)^2 + \ldots + 6\% \cdot (-200\,€ - 35{,}76\,€)^2} = 84{,}16\,€$$

Auch dieses Konzept werden wir später noch genauer betrachten (vgl. Kap. 3.2.1.4).

Trotz der offensichtlichen Schwachpunkte beschränkt man sich bei der Risikobewertung der meisten Investitionsvorhaben auf die hier vorgestellten Methoden. Der Hauptgrund ist in der Übersichtlichkeit und Nachvollziehbarkeit der Ergebnisse zu suchen. Erweiterungen ergeben sich, indem man mithilfe der Monte-Carlo Simulation die Anzahl der Szenarien deutlich erhöht.

3.2.1.2 Wertveränderung bei festverzinslichen Wertpapieren

Die im vorherigen Kapitel betrachtete Analyse im Rahmen der dynamischen Investitionsrechnung zeichnet sich dadurch aus, dass sehr viele Parameter den Preis (hier Bar- oder Kapitalwert) der Investition bestimmen (Umsatz, Kosten, Diskontierungsfaktoren, etc.). Eine geschlossene Formel liegt nicht vor. Einen solchen Fall wollen wir nun am Beispiel eines festverzinslichen Wertpapieres betrachten. Ein festverzinsliches Wertpapier zeichnet sich i. d. R. durch eine feste Laufzeit τ und regelmäßige Zinszahlungen (sogenannte Kupons c_t) aus. Der heutige Preis/Wert $V(i)$ eines festverzinslichen Wertpapiers ergibt sich dann durch das einfache Diskontieren der zukünftigen Kuponzahlungen und der Rückzahlung des Nennwertes (in c_T enthalten). Der Preis (zumindest der theoretische) hängt also von nur einem variablen Parameter, dem Diskontierungszins i ab. Eine entsprechende Formel für den Preis $V(i)$ liegt durch die nachfolgende Formel (3.1) vor.

$$V(i) = \sum_{t=1}^{T} \frac{c_t}{(1+i)^t} \tag{3.1}$$

Neben den später behandelten Kreditrisiken (vgl. Kap. 3.2.3) spielen im festverzinslichen Bereich Kurs- bzw. Preisrisiken (bei Finanzdienstleistungsunternehmen Marktrisiken genannt) eine herausragende Rolle. Dieses Risiko bezieht sich hierbei auf Kursänderungen des Wertpapiers, die durch eine Änderung des Zinsniveaus induziert werden (daher auch Zinsänderungsrisiko). Wie anhand des nachfolgenden Beispiels erläutert wird, ergeben sich Risiken in diesem Kontext durch einen Zinsanstieg, da hierdurch die zukünftigen Zahlungen stärker abgezinst werden. Umgekehrt ergeben sich Kurserhöhungen und damit Marktchancen bei Zinsrückgängen.

Beispiel

Hierzu soll folgendes festverzinsliche Wertpapier betrachtet werden:
Jährliche Kuponzahlung 5 % des Nominalwertes. Nominalwert 1.000 €.
Der Marktzins zum Zeitpunkt t = 0 sei i = 4 %.
Die Laufzeit des Wertpapiers betrage T = 6 Jahre.

Damit ergibt sich folgender aktueller Kurs durch Diskontierung:

$$Kurs = \frac{50\,€}{(1+4\%)^1} + \frac{50\,€}{(1+4\%)^2} + \frac{50\,€}{(1+4\%)^3} + \frac{50\,€}{(1+4\%)^4}$$
$$+ \frac{50\,€}{(1+4\%)^5} + \frac{1.050\,€}{(1+4\%)^6} = 1.052,42\,€$$

Nach einer möglichen Zinsänderung würden sich folgende Kurse ergeben:
a. Für i = 5 % gilt:

$$Kurs(5\%) = \frac{50\,€}{(1+5\%)^1} + \frac{50\,€}{(1+5\%)^2} + \frac{50\,€}{(1+5\%)^3} + \frac{50\,€}{(1+5\%)^4}$$
$$+ \frac{50\,€}{(1+5\%)^5} + \frac{1.050\,€}{(1+5\%)^6} = 1.000,00\,€$$

b. Für i = 3 % gilt:

$$Kurs(3\%) = \frac{50\,€}{(1+3\%)^1} + \frac{50\,€}{(1+3\%)^2} + \frac{50\,€}{(1+3\%)^3} + \frac{50\,€}{(1+3\%)^4}$$
$$+ \frac{50\,€}{(1+3\%)^5} + \frac{1.050\,€}{(1+3\%)^6} = 1.108,34\,€$$

Bei fallendem Marktzins geht der Kurs demnach nach oben, bei steigendem Marktzins geht der Kurs nach unten. Diese Wertveränderung, bedingt durch die veränderten Marktzinsen, stellt nun ein hohes Risiko bezüglich der Zinsänderung dar.

Risikokennzahlen
Für bekannte zukünftige Zahlungsströme (c_1, c_2, ..., c_T) mit Zahlung c_t zu den Zeitpunkten t = 1, ..., T kann als Risikomaß die Duration oder besser **Modified Duration** verwendet werden. Diese Kennzahl gibt die Sensitivität des Barwertes des Zahlungsstromes bezüglich einer Zinssatzänderung an. Entsprechend wird die Kennzahl als (betragsmäßige) Steigung der Barwertfunktion zum heutigen Zinssatzniveau bestimmt. Der theoretische Hintergrund wird nun nachfolgend beschrieben, um die Kennzahl interpretieren zu können.

Ausgangspunkt der Betrachtung ist wiederum der Barwert des Zahlungsstromes, wobei aus Vereinfachungsgründen eine flache Zinsstrukturkurve mit einem jährlichen Marktzins i angenommen wird. Der Barwert des Zahlungsstromes ist dann die Summe der diskontierten zukünftigen Zahlungen (vgl. Formel (3.1)).

Eine sofortige Marktzinsänderung Δi führt zu folgender Neuberechnung des Barwertes.

$$V(i + \Delta i) = \sum_{t=1}^{T} \frac{c_t}{(1+i+\Delta i)^t}. \tag{3.2}$$

3.2 Risikobewertung

Mathematisch kann man $V(i + \Delta i)$ aber auch mittels Taylorentwicklung beschreiben.[8] Durch Umformung erhält man dadurch die Modified Duration (MD), die wie folgt definiert ist:

$$MD = -\frac{dV}{di} \cdot \frac{1}{V} = \frac{\sum_{t=1}^{T} t \cdot c_t \cdot (1+i)^{-t-1}}{\sum_{t=1}^{T} c_t \cdot (1+i)^{-t}}. \tag{3.3}$$

Beispiel

Die Modified Duration beschreibt somit die relative Steigung der Barwertfunktion zum heutigen Zinsniveau. Im Zähler erkennt man die erste Ableitung der Barwertfunktion, im Nenner die Barwertfunktion selbst.

Für unser obiges Beispiel ergibt sich folgende Modified Duration:

$$MD = \frac{1 \cdot 50 \cdot (1+4\%)^{-2} + 2 \cdot 50 \cdot (1+4\%)^{-3} + \ldots + 2 \cdot 50 \cdot (1+4\%)^{-6} + 3 \cdot 1.050 \cdot (1+4\%)^{-7}}{50 \cdot (1+4\%)^{-1} + 50 \cdot (1+4\%)^{-2} + \ldots + 50 \cdot (1+4\%)^{-5} + 1.050 \cdot (1+4\%)^{-6}}$$

$$= \frac{5.412{,}79\,€}{1.052{,}42\,€} = 5{,}1432$$

Als wesentliche Eigenschaften der Modified Duration lassen sich folgende Punkte zusammenfassen:

- Unter ansonsten unveränderten Bedingungen steigt die Duration bei abnehmendem Abzinsungsfaktor. Umgekehrt sinkt die Duration bei zunehmendem Abzinsungsfaktor.
- Die Duration verringert sich bis zur Fälligkeit des Wertpapiers bei ansonsten unveränderten Bedingungen. Dies liegt zum einen an den erhaltenen Kuponzahlungen, zum anderen daran, dass die Zeitpunkte der Rückzahlungen ständig näher rücken. Die Duration ist somit kein zeitstabiles Maß.
- Die Duration eines ganzen Wertpapierportfolios lässt sich über die Bestimmung der Durationen der Einzelanlagen ermitteln bzw. näherungsweise angeben. Die Gesamtduration ergibt sich demnach aus dem anteilsmäßig gewichteten arithmetischen Mittel der Durationen der Einzelanlagen. Für das obige Zinsstrukturmodell ist dieses Ergebnis exakt, im Allgemeinen allerdings nur eine gute Approximation.
- Problematisch ist aber die Annahme einer flachen Zinskurve, die in der Realität nur sehr selten eintritt (vgl. Kap. 3.1.1).

Die Modified Duration kann nun zur Abschätzung der Barwerte nach einer Marktzinsänderung und damit des Risikos verwendet werden, indem in die Formel (3.3) eingesetzt wird.

---

[8] Vgl. hierzu Flad et al. 2013, S. 36.

> **Beispiel**
>
> Ergibt sich in unserem vorherigen Beispiel augenblicklich eine Marktzinsänderung, so ergeben sich die tatsächlichen Barwerte wie gesehen zu:
>
> $$V(5\%) = 1.000\,€ \quad \text{und} \quad V(3\%) = 1.108{,}34\,€$$
>
> Werden sie hingegen über die Modified Duration geschätzt, so gilt:
>
> $$V(i + \Delta i) \approx -MD \cdot \Delta i \cdot V(i) + V(i) \tag{3.4}$$
>
> und damit:
>
> $$V(4\% + (-1\%)) \approx -MD \cdot \Delta i \cdot V(i) + V(i)$$
> $$= -5{,}1432 \cdot (-1\%) \cdot 1.052{,}42 + 1.052{,}42 = 998{,}29\,€$$
> $$V(4 + 1\%) \approx -MD \cdot \Delta i \cdot V(i) + V(i)$$
> $$= -5{,}1432 \cdot 1\% \cdot 1.052{,}42 + 1.052{,}42 = 1.106{,}55\,€$$

Aufgrund der Konvexität der Barwertkurve (Convexity) wird ein Barwertrückgang überschätzt sowie ein Barwertanstieg unterschätzt. Da Risiken somit stets überschätzt und Chancen unterschätzt werden, kann man die Modified Duration als sehr vorsichtiges Risikomaß ansehen.

Durch Hinzunahme der zweiten Ableitung in der Taylorentwicklung kann die Approximation für das obige Beispiel verbessert werden. Es ergibt sich folgender Zusammenhang.

$$V(i + \Delta i) \approx V(i) + \frac{dV}{di} \cdot \Delta i + \frac{1}{2!} \cdot \frac{d^2V}{di^2}(\Delta i)^2 \tag{3.5}$$

und somit

$$\frac{V(i + \Delta i) - V(i)}{V(i)} = \frac{\Delta V}{V(i)} \approx -MD \cdot \Delta i + \frac{1}{2} \cdot C \cdot (\Delta i)^2 \tag{3.6}$$

wobei C die sogenannte Konvexität (Convexity) beschreibt:

$$C = \frac{d^2V}{di^2} \cdot \frac{1}{V} = \frac{\sum\limits_{t=1}^{T} t \cdot (t+1) \cdot c_t \cdot (1+i)^{-t-2}}{\sum\limits_{t=1}^{T} c_t \cdot (1+i)^{-t}} \tag{3.7}$$

Die Konvexität ist also nichts anderes als die zweite Ableitung der Barwertfunktion nach dem Zins, dividiert durch den Barwert.

3.2 Risikobewertung

Beispiel

Die Konvexität des betrachteten festverzinslichen Wertpapieres beträgt hier:

$$C = \frac{1 \cdot 2 \cdot 50 \cdot 1{,}04^{-3} + 2 \cdot 3 \cdot 50 \cdot 1{,}04^{-4} + \ldots + 6 \cdot 7 \cdot 1.050 \cdot 1{,}04^{-8}}{1052{,}42}$$

$$= 33{,}2492$$

Für eine Approximation mithilfe von Modified Duration und Konvexität gilt:

$$V(i + \Delta i) \approx V(i) + -D \cdot \Delta i \cdot V(i) + \frac{1}{2} \cdot C \cdot (\Delta i)^2 \cdot V(i) \qquad (3.8)$$

und damit:

$$V(4\% + (-1\%)) \approx 1.052{,}42 - 5{,}1432 \cdot (-1\%) \cdot 1.052{,}42$$

$$+ \frac{1}{2} \cdot 33{,}2492 \cdot (-1\%)^2 \cdot 1.052{,}42 = 1.108{,}30$$

und

$$V(4\% + 1\%) \approx 1.052{,}42 - 5{,}1432 \cdot 1\% \cdot 1.052{,}42 + \frac{1}{2} \cdot 33{,}2492 \cdot 1\%^2 \cdot 1.052{,}42$$

$$= 1.000{,}04.$$

Die Approximationen haben sich also erheblich verbessert.

Eine positive Konvexität beschreibt Wertpapiere, die bei steigenden Zinssätzen eine geringe Kurssensitivität, bei sinkenden Zinssätzen hingegen eine hohe Kurssensitivität besitzen. Bei steigenden Zinsen sind somit niedrige Kursverluste, bei sinkenden Zinsen aber hohe Kurssteigerungen zu erwarten und gleichzeitig gilt: Je größer die Konvexität, desto stärker ist diese Eigenschaft ausgeprägt.

Damit wird die Konvexität zu einem wesentlichen Bewertungs- und Entscheidungskriterium für Anlagen mit ansonsten gleicher oder ähnlicher Modified Duration. Die Konvexität für festverzinsliche Wertpapiere mit nicht-negativen Einzahlungen ist stets positiv. Da das Konzept der Modified Duration und Konvexität grundsätzlich auf alle festen Zahlungsströme anwendbar ist, sei an dieser Stelle darauf hingewiesen, dass bei negativer Konvexität ein gegenteiliger Effekt eintritt. Aufgrund dieses Sachverhalts ist eine genaue Prüfung des Zahlungsstroms unerlässlich. In der Praxis wird die Modified Duration allerdings vor allem bei der Analyse und Bewertung von festverzinslichen Wertpapieren verwendet, für die – wenn auf Optionsrechte verzichtet wird – eine positive Konvexität vorliegt.

Tab. 3.1 Barwerte der Wertpapierinvestments. (Quelle: Eigene Darstellung)

Marktzins i (%)	Anleihe	Wertpapierportfolio
4	V(4 %) = 1.052,42 €	V(4 %) = 1.052,42 €
3,8	V(3,8 %) = 1.063,32 €	V(3,8 %) = 1.063,29 €
1	V(1 %) = 1.231,82 €	V(1 %) = 1.236,31 €
8	V(8 %) = 861,31 €	V(8 %) = 868,37 €

Beispiel

Zur Verdeutlichung des positiven Konvexität-Effektes betrachten wir folgendes Beispiel: Neben der hier bereits betrachteten Anleihe liege folgender Zahlungsstrom vor (− 1.052,42; 0; 598; 0; 0; 0; 0; 0; 0; 711), der beispielsweise aus zwei Zero-Bonds zusammengestellt sein könnte.

Der Barwert beider Anlagen ist somit gleich. Die Modified Duration der Zahlungsreihe beträgt MD = 5,12 und ist somit etwas niedriger als für die Anleihe. Die Anleihe verfügt deshalb über eine höhere Kurssensitivität und tatsächlich ergibt sich bei einem geringen Zinsrückgang ein höherer Kurs als für den Zahlungsstrom.

Die Konvexität des Zahlungsstroms beträgt C = 42,41 und ist somit größer als für die Anleihe. Tatsächlich wirkt in unserem Beispiel bei höherem Zinsrückgang auf 1 % der Konvexitäts-Effekt stärker und der Kurs des Zahlungsstromes ist größer als der Kurs des Wertpapiers.

Nach einer sofortigen Zinssatzänderung ergeben sich folgende Barwerte (Tab. 3.1).

3.2.1.3 Wertveränderung bei Termingeschäften

Im vorherigen Kapitel haben wir mit der Preisfunktion für Anleihen eine Funktion gesehen, die mit dem Abzinsungsfaktor nur eine preisbildende Variable besitzt. Selbstverständlich können Preisfunktionen komplexer und über mehrere Variablen aufgebaut sein. In diesem Fall können Sensitivitäten in Bezug auf alle preisbildenden Variablen bestimmt werden. Der Ansatz bleibt derselbe und es werden in einem solchen Fall die partiellen Ableitungen bestimmt. Solche mehrparametrischen Preisfunktionen sind typisch für Termingeschäfte, sodass wir uns im Folgenden auf solche beschränken.

Termingeschäfte, also Geschäfte, die heute schon abgeschlossen, aber erst in der Zukunft ausgeübt werden, müssen anders behandelt werden als sogenannte Kassageschäfte, deren Implikationen schon heute gelten. So muss beispielsweise bei Geschäften zur Währungsabsicherung oder Rohstoffabsicherung die zukünftige Entwicklung des zugrundeliegenden Gutes (Underlying) betrachtet werden. Zur Absicherung dieser Geschäfte werden Futures und Options (Optionen) eingesetzt (vgl. Anhang Derivate).

Die gängigen Formeln für die Bestimmung von Optionspreisen gehen dabei auf Black, Scholes und Merton zurück. An dieser Stelle wollen wir nur die zwei Formeln für

3.2 Risikobewertung

Tab. 3.2 Einfluss diverser Inputvariablen auf Call und Put. (Quelle: Eigene Darstellung)

Inputvariable	Einfluss auf Call	Einfluss auf Put
Höherer Aktienkurs S	C höher	P geringer
Höhere Volatilität σ	C höher	P höher
Höherer Ausübungspreis X	C geringer	P höher
Längere Restlaufzeit T	C höher	P höher
Höherer Marktzins r_f	C höher	P geringer

europäische Calls C und Puts P angeben:[9]

$$C = S \cdot N(d_1) - Xe^{-i_cT} \cdot N(d_2) \quad (3.9)$$

$$P = Xe^{-i_cT}(1 - N(d_2)) - S(1 - N(d_1)) \quad (3.10)$$

wobei $i_c = \ln(1 + r_f)$, $d_1 = \frac{\ln(\frac{S}{X}) + T(i_c + \frac{\sigma^2}{2})}{\sigma\sqrt{T}}$ und $d_2 = d_1 - \sigma\sqrt{T}$.

Offenbar hängen Call- und Putpreis ausschließlich von folgenden Faktoren ab: Der momentane Kurs S, die Volatilität σ, der Ausübungspreis X, die Restlaufzeit T sowie der risikofreie (jährliche) Marktzins r_f bzw. dessen stetiger Variante i_c. Die Funktion N(d) gibt hierbei den Wert der Normalverteilung an. Tabelle 3.2 beschreibt den jeweiligen Einfluss auf C und P, falls sich eine Inputvariable ändert und gleichzeitig alle anderen konstant bleiben.

Um die Sensitivität von C und P in Bezug auf die einzelnen Inputvariablen zu beschreiben, sind formal die partiellen Ableitungen der Funktionen C(S,σ,X, T,i) bzw. P(S,σ,X, T,i) nach diesen Variablen zu bilden, die Vorgehensweise entspricht im Wesentlichen der, die wir bereits im vorherigen Kapitel über Anleihen kennengelernt haben.[10] Die folgende Tab. 3.3 fasst die Ergebnisse zusammen. Die jeweilige Sensitivität wird in griechischen Buchstaben notiert. Dabei wird i. d. R. darauf verzichtet, die Sensitivität in Bezug auf X zu messen, da sich der Ausübungspreis einer Option während der Laufzeit nicht verändert.

In der Literatur findet man häufig (-Theta) anstatt des hier vorgestellten Theta. Das bedeutet, man nimmt dort das Negative der partiellen Ableitung nach T, um die Höhe des Preisrückgangs von Optionen für die fortschreitende Zeit (d. h. kürzere Restlaufzeit) zu berechnen.

$N(d_1)$ ist eine Wahrscheinlichkeit und somit ist Delta für Calls stets eine Zahl zwischen 0 und 1, während Delta für Puts stets zwischen den Werten (-1) und 0 liegt. Man erkennt ferner, dass die Volatilität Call- und Putpreise in gleichem Maß beeinflusst, da Vega für Call und Put stets denselben Wert hat. Wie wir anhand des nachfolgenden Beispiels

---

[9] Man unterscheidet hier zwischen europäischen Optionen, die nur endfällig ausgezahlt werden, und amerikanischen Optionen, die während der gesamten Laufzeit gehandelt werden können.

[10] Die Modified Duration unterscheidet sich konzeptionell von den sogenannten Greeks dadurch, dass die Ableitung der preisbildenden Funktion durch den aktuellen Preis (Barwert) geteilt wird. Es wird also eine relative Preissensitivität beschrieben, während sie bei den Greeks als absolute Preissensitivität angegeben wird.

Tab. 3.3 Sensitivitäten von Call und Put. (Quelle: Vgl. Flad et al. 2013)

Notation	Sensitivität des/der	Formel für Calls	Formel für Puts
Delta	Kurses S	$N(d_1)$	$N(d_1) - 1$
Vega	Volatilität σ	$S\sqrt{\frac{T}{2\pi}}e^{\frac{d_1^2}{2}}$	$S\sqrt{\frac{T}{2\pi}}e^{\frac{d_1^2}{2}}$
Theta	Restlaufzeit T	$S\sqrt{\frac{\sigma^2}{8T\pi}}e^{\frac{d_1^2}{2}} + i_c X e^{-i_c T} N(d_2)$	$S\sqrt{\frac{\sigma^2}{8T\pi}}e^{\frac{d_1^2}{2}} - i_c X e^{-i_c T}(1 - N(d_2))$
Rho	Marktzins r_f	$TXe^{-i_c T}N(d_2)$	$-TXe^{-i_c T}(1 - N(d_2))$

sehen werden, sind Delta und Vega die zentralen Einflussgrößen, d. h. der Kurs und die Volatilität sind diejenigen Variablen, bei denen eine Veränderung den Optionspreis massiv beeinflusst.

Beispiel

Am einfachsten lässt sich dies am Beispiel von Aktien beschreiben, gilt aber auch für jedes andere Underlying (wie Rohstoffe). Ein Call auf die BMW-Aktie habe eine Restlaufzeit von einem Jahr und einen Ausübungspreis von $X = 40$ €. Der jährliche Marktzins ist 6 %, der heutige Aktienkurs liegt bei 38 € und für die BMW-Aktie finden wir eine geschätzte Volatilität von 25 %. Um daraus C zu ermitteln sind zunächst d_1 und d_2 zu berechnen: Da der stetige Zins 5,827 % beträgt, ergibt sich:

$$d_1 = \frac{\ln\left(\frac{38}{40}\right) + 1^*\left(0,05827 + \frac{0,25^2}{2}\right)}{0,25\sqrt{1}} = 0,15 \quad \text{und} \quad d_2 = 0,15 - 0,25 = -0,10$$

Aus der Normalverteilungstabelle entnimmt man:

$$N(d_1) = N(0,15) = 0,5596, N(d_2) = 1 - N(0,10) = 0,4602$$

und damit lassen sich der Callpreis C und der Putpreis P wie folgt berechnen:

$$C = 38N(d_1) - 40e^{-0,05827}N(d_2) = 3,91 \,€$$
$$P = 40e^{-0,05827}(1 - N(d_2)) - 38(1 - N(d_1)) = 3,64 \,€.$$

Daraus ergeben sich wiederum folgende Sensitivitätswerte (vgl. Tab. 3.4).

Zur Interpretation des obigen Beispiels: Steigt der Aktienkurs der BMW-Aktie noch heute um einen Euro, so verteuert sich der Call um 56 Cent, während sich der Put um 44 Cent verbilligt. Hätte die BMW-Aktie statt 25 % eine Volatilität von 35 %, so wären sowohl Call als auch Put ca. 1,50 € teurer. Eine Restlaufzeit von 11 Monaten statt 12 Monaten (d. h. 30 Tage weniger) würde den Call um 24 Cent billiger machen und den Put um 6 Cent, während eine Zinssenkung auf 5,5 % den Call um ca. 9 Cent verteuert bzw. den Put um 10 Cent verbilligt.

3.2 Risikobewertung

Tab. 3.4 Sensitivitätswerte der BMW Aktie. (Quelle: Flad et al. 2013)

Notation	Wert für Call	Wert für Put
Delta (pro €)	0,56	−0,44
Vega (pro 1 %)	0,15	0,15
Theta (pro Tag)	0,008	0,002
Rho (pro 1 %)	0,175	−0,20

Aus Delta lässt sich auch der Hebel einer Option berechnen, d. h. welche Hebelwirkung eine Aktienkursänderung auf den Optionspreis hat. In unserem Beispiel würde eine Aktienkurssteigerung um 1 € (d. h. Steigerung um 2,6 %) zu einer Callpreissteigerung von 56 Cent führen (d. h. Steigerung um 14,3 %). Somit erhalten wir einen Hebel von 5,4.

Im Allgemeinen berechnet sich der Hebel eines Calls wie folgt:

$$\text{Hebel} = \text{Delta des Calls} \cdot S/C. \tag{3.11}$$

3.2.1.4 Messung von Preis- oder Zielschwankungen

Das nun folgende Kapitel setzt sich mit der Messung von Schwankungen der Preise, Kurse und Renditen auseinander. Dabei wird die Schwankungsstärke als Maß für das Risiko gewertet. Da Schwankungen grundsätzlich sowohl in eine positive als auch eine negative Richtung verlaufen können, sind Schwankungsmaße im Wesentlichen nur bei symmetrischen Verteilungen der Zielgrößen oder Preise sinnvoll einsetzbar.

Üblicherweise versucht man mithilfe von historischen Werten (Preisen, Renditen oder anderen Zielgrößen), Aussagen über die zukünftige Entwicklung dieser Größen zu treffen. Kennzahl dieser Schwankungsgröße ist die Schätzfunktion für die Standardabweichung (empirische Standardabweichung):

$$\text{SD}(A) = \sqrt{\text{Var}(A)} = \sqrt{\frac{1}{N-1} \cdot \sum_{t=1}^{N} (R_t - \overline{\mu})^2} =: \overline{\sigma} \tag{3.12}$$

wobei R_t die N historischen Preise oder Renditen einer Anlage A und μ deren Erwartungswert bezeichnen. Je größer die Standardabweichung, desto größer das Risiko der entsprechenden Risikoklasse. Es sei an dieser Stelle nochmals erwähnt, dass bei großer Standardabweichung natürlich nicht nur das Risiko, sondern auch die Chance auf Preissteigerungen zunimmt.

> **Beispiel**
>
> Dies soll nun anhand des folgenden Beispiels erklärt werden. Im Beispiel wird auf die Renditen von Wertpapieren eingegangen, funktioniert aber analog bei anderen Zielgrößen. Es liegen dabei folgende historische Renditen für zwei Anlagen A und B vor (Tab. 3.5).

Tab. 3.5 Beispiel für Schwankungsgrößen. (Quelle: Eigene Darstellung)

Jahr	1	2	3	4
Anlage A (%)	0	0	20	0
Anlage B (%)	16	5	−6	5

Die durchschnittliche Rendite (Mittelwert) liegt bei beiden Anlagen bei 5 %. Die empirische Standardabweichung beträgt bei Anlage A 10 %, bei Anlage B 8,98 %. Die Anlage B würde deshalb als weniger risikobehaftet interpretiert werden, obgleich ihr Maximalverlust mit −6 % deutlich größer ist als bei Anlage A, die in keiner der beobachteten Zeiträume Verluste hinnehmen musste. Tatsächlich lässt sich leicht sehen, dass die Renditen der Anlage A nicht symmetrisch verteilt sind, das Risikomaß Standardabweichung also nur bedingt sinnvoll ist bzw. richtig interpretiert werden kann.

Während die Standardabweichung das Risiko gewissermaßen als Absolutgröße für einzelne Anlagen oder deren Mischung beschreibt, ergibt sich durch weitere Überlegungen im Rahmen der Portfoliotheorie (vgl. hierzu Kap. 3.2.4.1) ein Risikomaß, das das Risiko in Relation zu einem Gesamtmarkt setzt – das sogenannte Beta (β) einer Einzelanlage. Diesen Ansatz verdanken wir William F. Sharpe und dem von ihm begründeten Capital Asset Pricing Model (CAPM). Zentrale Annahme des CAPM ist das Vorhandensein eines vollkommenen Kapitalmarkts, in dem alle Marktteilnehmer (Investoren) homogene Erwartungen bzgl. den Parametern μ_i (Erwartungswert), σ_i (Standardabweichung) und $\rho_{i,j}$ haben. $\rho_{i,j}$ beschreibt hierbei die Korrelation der Renditen zweier Anlagen i und j. Zusätzlich wird davon ausgegangen, dass auf dem Kapitalmarkt Angebot und Nachfrage im Gleichgewicht sind und somit zu einem fairen Marktpreis führen.

Im CAPM werden nicht mehr Korrelationen einzelner Titel untereinander, sondern nur die Korrelationen der Einzeltitel mit einem zugrundeliegenden Markt geschätzt. Man definiert dazu das Marktportfolio als die mit der anteiligen Marktkapitalisierung jedes Einzeltitels gewichtete Zusammensetzung sämtlicher zu diesem Markt gehörender Wertpapiere.

Für dieses Marktportfolio lassen sich nun die beiden Parameter μ_M und σ_M bestimmen. In der Praxis werden meist die bekannten Indizes (wie z. B. der DAX) als Marktportfolio herangezogen.

Obige Rahmenbedingungen führen schließlich zur **Grundgleichung des CAPM:**

$$\mu_j = r_f + (\mu_M - r_f) \cdot \frac{\sigma_j \rho_{M,j}}{\sigma_M}$$
$$= r_f + (\mu_M - r_f) \cdot \beta_j. \qquad (3.13)$$

Der Quotient $\frac{\sigma_j \rho_{M,j}}{\sigma_M} = \frac{\text{Cov}(M,A_j)}{\text{Var}(M)}$ heißt **Beta (Symbol: β_j)** eines Aktientitels j. Beta beschreibt also das Verhältnis des sogenannten systematischen Risikos eines Titels j, das durch $\sigma_j \rho_{M,j}$

3.2 Risikobewertung

Abb. 3.9 Wertpapierlinie und Beta β. (Quelle: Eigene Darstellung)

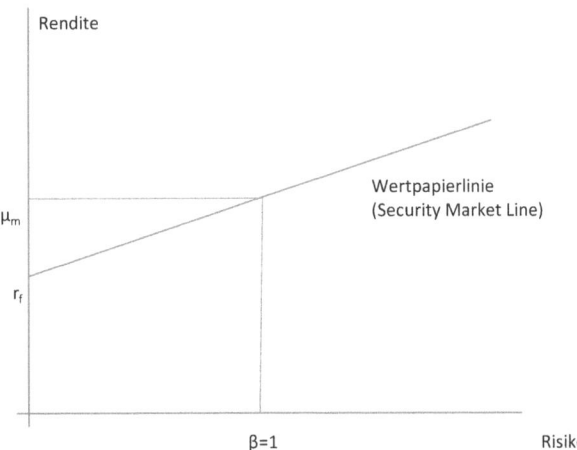

gegeben ist, zum Risiko des Marktes, das durch σ_M angegeben wird. Das Risiko des Marktes ist das Risiko, das ein Investor stets eingeht, wenn er Aktien bzw. den Marktindex erwirbt. Dieses systematische Risiko einer Anlage lässt sich nicht durch Diversifikation eliminieren.

Das CAPM stellt somit einen linearen Zusammenhang zwischen der erwarteten Aktienrendite μ_k und der Volatilität des Aktienkurses bzw. dem Beta eines Unternehmens, also dem Risiko her. Ist das Risiko hoch, so führt dies zu einem hohen Beta und wird am Markt durch eine höhere erwartete Rendite (d. h. höhere Aktienkurssteigerungen) vergütet.

Die Größe

$$(\mu_M - r_f) \cdot \frac{\sigma_j \rho_{M,j}}{\sigma_M} = (\mu_M - r_f) \cdot \beta_j \qquad (3.14)$$

wird in diesem Zusammenhang als **Marktpreis des Risikos** bezeichnet (Abb. 3.9).

Ein zugrundeliegender Markt besitzt stets ein Beta identisch eins. Ein Beta größer als eins bedeutet also, dieser Titel hat ein höheres Risiko als der Markt, während Aktien mit Beta kleiner als eins weniger Risiko als der Markt haben.

Darüber hinaus hängt das Beta eines Unternehmens aber auch vom zugrundegelegten Markt ab. Es ist also stets nachzuprüfen, welcher Markt zur Berechnung herangezogen wurde. So hat beispielsweise Microsoft, auf den Dow Jones Industrial Average bezogen, ein anderes Beta als auf den Nasdaq Index bezogen (das Unternehmen ist in beiden Indizes vertreten).

Das CAPM wird darüber hinaus sehr häufig angewendet, um Mindestrenditen von Investitionsprojekten vorzugeben (vgl. hierzu die Anmerkungen im vorherigen Kap. 3.2.1.1). Diese sind dann vom Risiko bzw. der Risikoklasse des Projekts abhängig, die häufig durch ein dazugehörendes Beta beschrieben wird. Diese Mindestrendite wird dann i. d. R. als Kalkulationszins für den Kapitalwert des Projekts verwendet und dieser muss entsprechend positiv sein, wenn das Projekt realisiert werden soll.[11]

---

[11] Vgl. Flad et al. 2012.

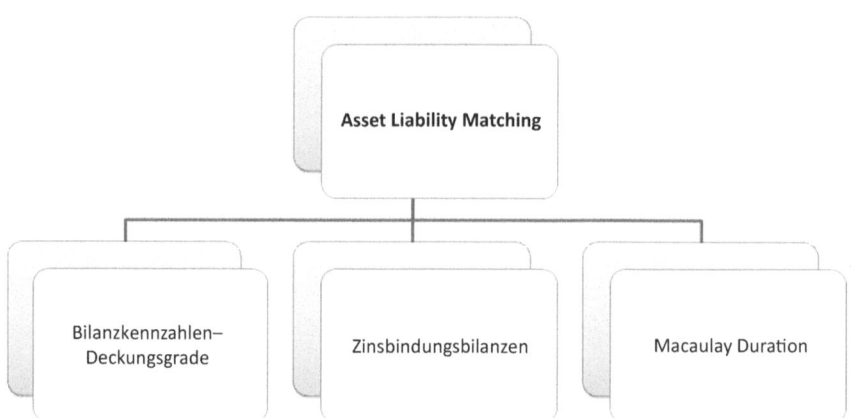

Abb. 3.10 Methoden der Risikobewertung von Matching Positionen. (Quelle: Eigene Darstellung)

3.2.2 Asset-Liability-Matching

Zukünftige Zahlungsströme spielen bei der Bewertung von Risiken eine große Rolle. Hier gilt es, sowohl Fragen der Liquidität zu berücksichtigen als auch die Bedeckung langfristiger Anlagen durch entsprechende Finanzierungen sicher zu stellen. Es handelt sich hierbei um eine Technik des Asset-Liability-Managements, d. h. der Abstimmung von Zahlungsströmen auf der Aktiv- und Passivseite der Bilanz. Ähnlich wie bei anderen hier behandelten Fragestellungen geht es nicht um eine völlige Vermeidung von Inkongruenzen, schließlich sind diese auch Quelle zusätzlicher Erträge. Es gilt jedoch, das Ausmaß eventueller negativer Entwicklung beherrschbar zu lassen. Die Abstimmung der Cashflows von Aktiv- und Passivseite spielt vor allem bei Finanzdienstleistern im Rahmen der Fristentransformation eine Rolle, weil dort ein bedeutender Teil der Zahlungsströme in Bezug auf Fristigkeiten geplant werden kann. Bei Industrieunternehmen hingegen steht der Liquiditätserhalt im Vordergrund (Abb. 3.10).

3.2.2.1 Bilanzgrößen

Bereits die klassische Bilanzanalyse setzt sich mit den eingangs gemachten Größen auseinander, wenngleich keine explizite Cashflow-Analyse stattfindet. So dienen die Deckungsgrade der Bilanzanalyse der Überprüfung einer langfristigen Finanzierung von Sachanlagen. Die Deckungsgrade sind dabei folgendermaßen definiert:

$$\text{Deckungsgrad I:} \quad \frac{\text{Eigenkapital}}{\text{Anlagevermögen}} \quad (3.15)$$

$$\text{Deckungsgrad II:} \quad \frac{\text{Eigenkapital} + \text{langfr. Fremdkapital}}{\text{Anlagevermögen}} \quad (3.16)$$

Während der **Deckungsgrad I** den Grad der Finanzierung des Anlagevermögens durch das Eigenkapital misst, beschreibt der **Deckungsgrad II** den Finanzierungsgrad durch das gesamte langfristige Kapital, also neben dem Eigenkapital auch durch das langfristige Fremdkapital. Die sogenannte goldene Bilanzregel wird dann als erfüllt angesehen, wenn der Deckungsgrad II größer als 100 % ist. Aus Risikosicht stellt die goldene Bilanzregel sicher, dass eine gewisse Fristenkongruenz zwischen Investitionen auf der Aktivseite (Finanzmittelverwendung) und der Finanzierung auf der Passivseite (Finanzmittelherkunft) besteht. Damit soll im Wesentlichen ausgeschlossen werden, dass durch kurzfristige Finanzierungen ein ständiger Refinanzierungsbedarf entsteht. Dieser könnte zum einen bei einem Zinsanstieg mit höheren Kosten verbunden sein, zum anderen könnte eine Finanzierung aber auch komplett versagt werden, wodurch das Unternehmen gezwungen wäre, Anlagevermögen zu veräußern. Da dieses i. d. R. im Produktionsprozess benötigt wird, wäre eventuell die Existenz des gesamten Unternehmens bedroht.

Im Gegensatz zur langfristigen Betrachtung durch die oben genannten Deckungsgrade zielen die Liquiditätsgrade auf eine kurzfristige Risikobeurteilung ab. Ziel ist es, dass ein Unternehmen über eine jederzeitige Liquidität verfügt, also stets in der Lage ist, kurzfristige Verbindlichkeiten zu begleichen. Dazu werden kurzfristige Verbindlichkeiten (Fremdkapital) und Umlaufvermögen gegenübergestellt.

Die wesentlichen Kennzahlen sind:

$$\text{Liquiditätsgrad I:} \quad \frac{\text{Zahlungsmittel}}{\text{Kurzfr. Verbindlichkeiten}} \quad (3.17)$$

$$\text{Liquiditätsgrad II:} \quad \frac{\text{Zahlungsmittel} + \text{kurzfr. Forderungen}}{\text{Kurzfr. Verbindlichkeiten}} \quad (3.18)$$

$$\text{Liquiditätsgrad III:} \quad \frac{\text{Zahlungsmittel} + \text{kurzfr. Forderungen} + \text{Vorräte}}{\text{Kurzfr. Verbindlichkeiten}} \quad (3.19)$$

$$\text{Working Capital:} \quad \textit{Umlaufvermögen} - \textit{kurzfr. Verbindlichkeiten} \quad (3.20)$$

Im Rahmen der Liquiditätsanalyse gilt es stets zu berücksichtigen, dass ein hoher Bestand an Umlaufvermögen zwar die Liquiditätssituation verbessert, andererseits aber hohe Kapitalbindungskosten entstehen. Im Rahmen des Working Capital Managements (vgl. die Definition für Working Capital in Formel (3.20)) wird in diesem Zusammenhang versucht, die notwendige Ausgewogenheit zu schaffen. Klassisches Working Capital Management ist damit zugleich auch Risikomanagement. Der **Liquiditätsgrad I** berücksichtigt rein die Barliquidität eines Unternehmens, während der **Liquiditätsgrad II** einen Gradmesser für die Solvenz eines Unternehmens darstellt. Üblicherweise wird erwartet, dass dieser Liquiditätsgrad über 100 % liegt. Der **Liquiditätsgrad III** misst schließlich die umsatzbedingte Liquidität. Selbstverständlich sollte dieser Wert dann deutlich über 100 % liegen. Aus Risikosicht muss allerdings angemerkt werden, dass die Erfüllung dieser Forderungen bezüglich der Liquiditätskennzahlen nicht zwingend die Solvenz eines Unternehmens sicherstellt. Im Krisenfall kann auch die Veräußerung von Umlaufvermögen unmöglich sein.

> **Beispiel**
>
> Die Porsche AG hatte im Rahmen der versuchten Übernahme von Volkswagen extrem hohe kurzfristige Verbindlichkeiten gegenüber verschiedenen Finanzinstituten angehäuft. Schließlich lehnten die beteiligten Banken neue Kredite trotz eines Rekordgewinns der Porsche AG ab. Porsche sah sich plötzlich massiven Liquiditätsproblemen gegenüber.

3.2.2.2 Zinsrisikomanagement

Die folgenden Techniken betrachten in erster Linie Zinsrisiken, die aufgrund von Aktiv- oder Passivüberhängen und Zinsänderungen entstehen. Es handelt sich hierbei um Techniken, die hauptsächlich von Kreditinstituten einzusetzen sind. Während Zinsbindungsbilanzen das Augenmerk auf fest verzinsliche Geschäfte haben, konzentriert sich die Zinserfolgselastizität auf variabel verzinsliches Geschäft.

Das Konzept der Zinsbindungsbilanz

In der Praxis werden Zinsbindungsbilanzen auch als Festzinsbilanzen, Zinsänderungsbilanzen oder Ablaufbilanzen bezeichnet. Das Konzept der Zinsbindungsbilanz leitet sich aus der traditionellen Aufteilung in ein aktivisches und ein passivisches Zinsänderungsrisiko ab. So ergibt sich ein aktivisches Zinsänderungsrisiko, falls die Festzinsposition auf der Aktiv- größer als auf der Passivseite ist, also ein Aktivüberhang vorliegt, und das Zinsniveau steigt. Liegt hingegen ein Passivüberhang bei gleichzeitigem Zinsrückgang vor, handelt es sich um ein passivisches Zinsänderungsrisiko. Folgerichtig ergeben sich bei entgegengesetzten Zinsentwicklungen aktivische und passivische Zinsänderungschancen.

Nach Scholz[12] ist es Ziel einer Zinsbindungsbilanz, sicherzustellen, „dass zum Zweck der Ertragsaufbesserung eingegangene Zinsänderungsrisiken stets in einem angemessenen Verhältnis zur Ertragskraft, zu den stillen Reserven und zum haftenden Eigenkapital [...] stehen, damit sie nicht existenzgefährdeten Umfang annehmen können."

Die Zinsbindungsbilanz stellt für jede zukünftige Rechnungsperiode die Volumina der aktivischen und passivischen Festzinspositionen entsprechend ihrer Restlaufzeiten gegenüber. Folgerichtig ergeben sich Überhänge, die aktivisch oder passivisch sein können. Die Überhänge werden hierbei stets mit ihren durchschnittlichen Zinssätzen ausgewiesen und sind Grundlage der Risikobewertung und -steuerung.

Insbesondere steigt das Zinsänderungsrisiko, „je höher die offene Position ist, je niedriger die Durchschnittsverzinsung eines Aktivaüberhanges, je höher die Durchschnittsverzinsung eines Passivaüberhanges, je höher der Marktzins bei einem Aktivüberhang, je niedriger der Marktzins bei einem Passivüberhang ist und je größer der Anteil einer offenen Festzinsposition am Geschäftsvolumen ist."[13]

---

[12] Vgl. Scholz 1985, S. 119.
[13] Vgl. Bangert 1987, S. 102.

3.2 Risikobewertung

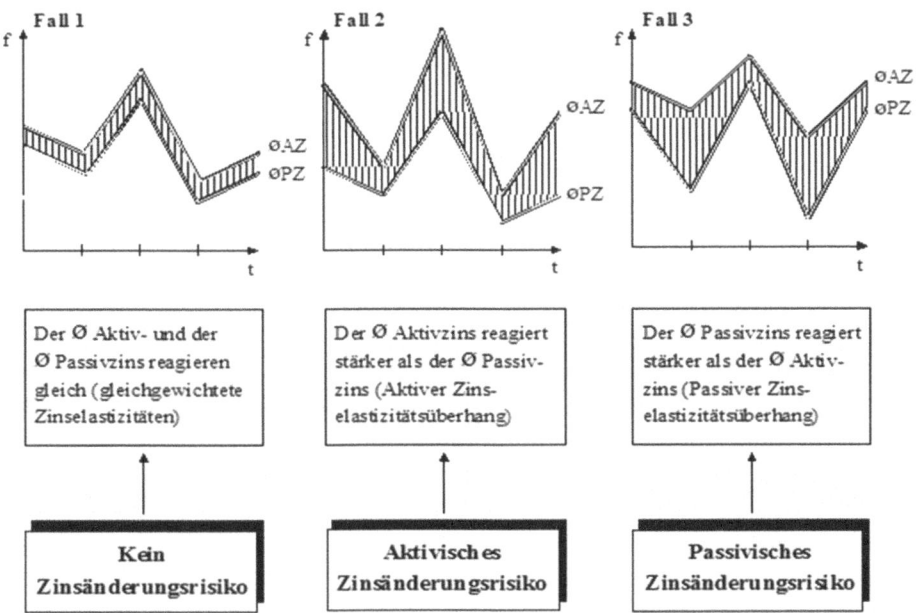

Abb. 3.11 Abhängigkeit des Zinsänderungsrisikos von der Zinsreagibilität und der Zinsentwicklung. (Quelle: Vgl. Rolfes 1988, S. 403)

In diesem Zusammenhang können beispielsweise für das Neugeschäft der Bank kritische Zinssätze (Grenzzinssätze) ermittelt werden, die eine Aussage darüber zulassen, bis zu welchem Zinssatz Festzinsüberhänge geschlossen werden können, ohne ein Mindestertragsniveau zu unterschreiten. Bei einem Aktivüberhang darf dieser kritische Zinssatz nicht überschritten, bei einem Passivüberhang nicht unterschritten werden. Darüber hinaus kann durch Simulationen eine verbesserte Planung erreicht werden.

Die Zinserfolgselastizität

Eine weitere Risikoquelle ergibt sich nach Rolfes[14] außerdem im variabel verzinslichen Geschäft. Betrachtet man den Zinsüberschuss für das variabel verzinsliche Geschäft, der sich aus der Differenz der Zinserträge und Zinsaufwendungen ergibt, so ist dieser bei einer Zinssatzänderung nur dann stabil, wenn sich alle Zinssätze auf der Aktiv- und Passivseite in gleicher Weise verändern. In diesem Fall verändert sich die Bruttozinsspanne (Relation von Zinsüberschuss und Geschäftsvolumen bzw. Bilanzsumme) nicht und es liegt folgerichtig kein Zinsänderungsrisiko vor. In allen anderen Fällen liegt ein Zinsänderungsrisiko vor, falls die Zinsstrukturentwicklung negative Auswirkungen auf die Bruttozinsspanne hat (Abb. 3.11).

Im Allgemeinen lassen sich positionsspezifische Zinsreaktionen feststellen, die in den folgenden Fällen zu Zinsänderungsrisiken führen:

---

[14] Vgl. Rolfes 1988.

- Der durchschnittliche Aktivzins reagiert *stärker* auf Zinsänderungen als der durchschnittliche Passivzins und gleichzeitig sinkt das Zinsniveau. Man spricht vom aktivischen Zinsänderungsrisiko.
- Der durchschnittliche Aktivzins reagiert *schwächer* auf Zinsänderungen als der durchschnittliche Passivzins und gleichzeitig steigt das Zinsniveau. Man spricht vom passivischen Zinsänderungsrisiko.

Die oben beschriebenen Zinsänderungsrisiken werden als die Differenz von Markt- und Positionszins ausgedrückt. Stellt man diese Differenz nun in Relation zum Marktzins, so ist die Zinserfolgselastizität definiert. Sie bringt in Prozentpunkten zum Ausdruck, wie sich eine einprozentige Marktzinsänderung auf den Zinserfolg eines Geschäfts auswirkt. Das Zinsänderungsrisiko wird somit nicht mehr in absoluter, sondern in relativer Höhe zur Marktzinsänderung angezeigt.

Aus der Steuerungsgröße Zinselastizität können somit unmittelbar die Auswirkungen der Zinsrisiken der Positionen abgelesen werden. Auch gezielte Steuerungsmaßnahmen lassen sich dann in Form von volumenmäßigen Umschichtungen ableiten, da ein direkter Vergleich zwischen den einzelnen Positionen in Bezug auf ihren Risikobeitrag möglich ist. Ähnlich wie bei der Zinsbindungsbilanz können mithilfe von Szenario-Rechnungen die Auswirkungen von Zinsänderungen beurteilt werden.

3.2.2.3 Macaulay Duration

Im festverzinslichen Bereich hat sich zudem eine Kennzahl entwickelt, die als Zeitmaß interpretiert wird, die sogenannte Macaulay Duration. Die Macaulay Duration setzt sich mit der Wechselwirkung von Kursrisiko (wie wir es bereits in Kap. 3.2.1 eingeführt haben) und dem sogenannten Wiederanlagerisiko auseinander.

Auch das Wiederanlagerisiko bezieht sich auf Änderungen des Marktzinses. Allerdings stehen hier nicht die heutigen Kurse des Wertpapiers im Vordergrund, sondern zukünftige Erträge. Die Problematik ergibt sich bei einem festen zukünftigen Anlagehorizont aus den zwischenzeitlichen Kuponzahlungen, die zu den im Moment der Auszahlung gültigen Zinssätzen wiederangelegt werden müssen.

Beispiel

Investiert ein Anleger beispielsweise in die bereits in Kap. 3.2.1 beschriebene Anleihe, so erhält er folgenden zukünftigen Zahlungsstrom: (50; 50; 50; 50; 50; 1.050) und muss dafür 1.044,52 € investieren. Er erhält somit zu unterschiedlichen Zeitpunkten Rückzahlungen aus seiner Investition. Benötigt er hingegen eine konstante Verzinsung von 4 % über die kompletten 6 Jahre, würde er

$$1.052{,}42 \cdot 1{,}04^6 = 1.331{,}65 \,€$$

in T = 6 erwarten. Der Investor müsste hierzu zu den Zeitpunkten t = 1 bis t = 5 Rückflüsse von jeweils 50 € wiederanlegen. Bei konstantem Zins i = 4 % ergibt sich folgende

3.2 Risikobewertung

Situation für das Endvermögen W zum Zeitpunkt T = 6:

$$W(4\%) = 50\,€ \cdot (1+4\%)^5 + \ldots + 50\,€ \cdot (1+4\%)^2 + 50\,€ \cdot (1+4\%) + 1.050\,€$$
$$= 1.331{,}65\,€$$

Der benötigte Kapitalbetrag wird also erwartungsgemäß erreicht. Änderungen des Marktzinses zu einem Zeitpunkt t < 1 hingegen führen zu anderen Endvermögen zum Zeitpunkt T = 6:

a. Für i = 5 % gilt:

$$W(5\%) = 50\,€ \cdot (1+5\%)^5 + \ldots + 50\,€ \cdot (1+5\%)^2 + 50\,€ \cdot (1+5\%) + 1.050\,€$$
$$= 1.340{,}10\,€$$

b. Für i = 3 % gilt:

$$W(3\%) = 50\,€ \cdot (1+3\%)^5 + \ldots + 50\,€ \cdot (1+3\%)^2 + 50\,€ \cdot (1+3\%) + 1.050\,€$$
$$= 1.323{,}42\,€$$

Bei einem zwischenzeitlichen Zinsrückgang wird der Investor also sein Endvermögen verfehlen.

Durch Multiplikation der Modified-Durations-Formel (3.3) mit $(1+i)$ erhält man die Macaulay Duration D, wodurch zugleich die Abzinsungsfaktoren in Zähler und Nenner dieselben Exponenten erhalten.

Die **Macaulay Duration** ist definiert durch:

$$D = MD \cdot (1+i) = \frac{\sum_{t=1}^{T} t \cdot c_t \cdot (1+i)^{-t}}{\sum_{t=1}^{T} c_t \cdot (1+i)^{-t}} \quad (3.21)$$

Obige Duration wurde erstmals 1938 von Frederick Macaulay hergeleitet und wird deshalb in der Praxis auch in der Regel so bezeichnet. Macaulay beschreibt die Duration als gewichteten Durchschnitt der Zeitpunkte der Zahlungen eines festverzinslichen Wertpapiers (durchschnittliche Kapitalbindungsdauer), wobei als Gewichtungsfaktoren die Barwerte der Zins- und Tilgungszahlungen bezogen auf den Gesamtbarwert verwendet werden. Somit ist die Macaulay Duration nichts anderes als ein gewichtetes arithmetisches Mittel der Cashflows eines festverzinslichen Papiers.

Die Wirkung der Macaulay Duration lässt sich wie folgt erklären (vgl. Abb. 3.12): Die Barwerte sind, wie schon erwähnt, stark abhängig von den Marktzinsen. Steigen diese an $(+\Delta i)$ oder fallen diese $(-\Delta i)$) verändern sich die Barwerte nach oben (bei fallenden Zinsen) und nach unten (bei steigenden Zinsen). Durch dann höhere (bei steigenden

Abb. 3.12 Wirkung der Macaulay Duration. (Quelle: Eigene Darstellung)

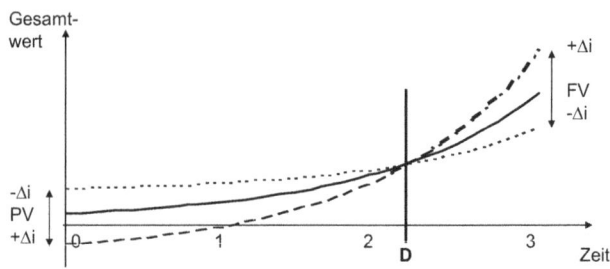

Zinsen) oder niedrigere (bei fallenden Zinsen) Wiederanlage der Kupons gleicht sich dieser Effekt aus, sodass sich ein Zeitpunkt D errechnen lässt, zu dem die Marktzinsentwicklung keinen negativen Einfluss auf den Gesamtwert (Barwert und Wiederanlage) der Anleihe hat. Zum Zeitpunkt D besteht daher kein Risiko bezüglich einer Zinsänderung.

> **Beispiel**
>
> Für die obige Anleihe ergibt sich hier folgende Macaulay Duration D
>
> $$D = MD \cdot (1 + 4\%) = 5{,}1432 \cdot (1 + 4\%) = 5.3489$$
>
> $$= \frac{1 \cdot \dfrac{50}{(1+4\%)} + 2 \cdot \dfrac{50}{(1+4\%)^2} + \ldots + 5 \cdot \dfrac{50}{(1+4\%)^5} + 6 \cdot \dfrac{1.050}{(1+4\%)^6}}{\dfrac{50}{(1+4\%)} + \dfrac{50}{(1+4\%)^2} + \ldots + \dfrac{50}{(1+4\%)^5} + \dfrac{1.050}{(1+4\%)^6}}.$$

Die Eigenschaften der Modified Duration lassen sich auf die Macaulay Duration übertragen. Darüber hinaus gilt für die Macaulay Duration noch folgendes:

- Bei Papieren mit nur einer Rückzahlung am Ende der Laufzeit ist die Macaulay Duration stets gleich der Restlaufzeit (z. B. bei Zerobonds), ansonsten ist sie stets kleiner als die Restlaufzeit.
- Zum Zeitpunkt der Macaulay Duration ist die Anleihe gegen Zinsänderungen zinsimmunisiert, d. h. Kurs- und Wiederanlagechance bzw. -risiko heben sich zum Durationszeitpunkt auf.

3.2.3 Kredit- und Ausfallrisiken

Die dritte Klasse von Kennzahlen orientiert sich konkret an möglichen Schäden bzw. Verlusten einzelner Risikoklassen. Es wird also abstrakt eine Schadenswahrscheinlichkeit mit dazugehöriger Schadenshöhe bestimmt. In einem ersten Ansatz versucht man absolute Ausfallwahrscheinlichkeiten (z. B. im Kreditbereich) zu bestimmen. Meist wird dies dann in Form von Ratings bzw. Ratingklassen ausgedrückt, wobei jede Ratingklasse für eine bestimmte Ausfallwahrscheinlichkeit steht. Alternativ kennt man (eher aus

3.2 Risikobewertung

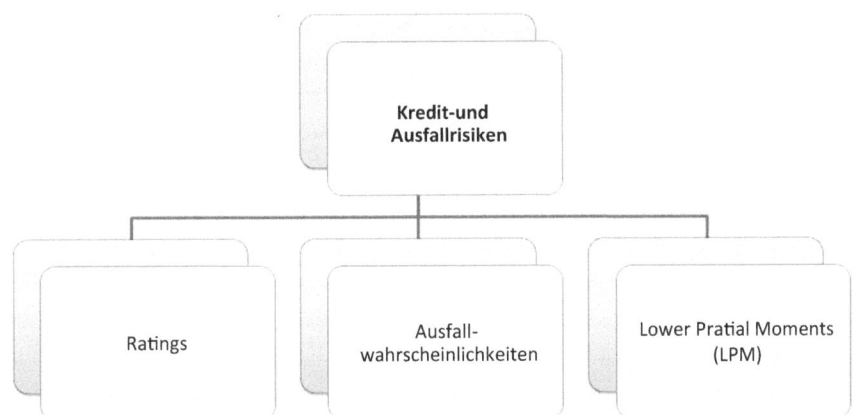

Abb. 3.13 Methoden der Bewertung von Ausfallrisiken. (Quelle: Eigene Darstellung)

dem Sachversicherungsbereich) die Begriffe des höchstmöglichen Verlustes (maximum possible loss MPL, manchmal auch maximum foreseeable loss) und des unter bestimmten Voraussetzungen wahrscheinlichsten maximalen Verlustes (probable maximum loss PML, manchmal auch maximum probable loss MPL). Beide Begriffe unterscheiden sich dadurch, dass der „Maximum Possible Loss" ein worst-case Szenario darstellt, bei dem für alle Parameter die schlimmsten negativen Folgen unterstellt werden, während der „Probable Maximum Loss" diese maximalen Verluste unter „wahrscheinlichen", d. h. realistischeren Szenarien bestimmt. Im Wesentlichen heißt dies, dass beim „Probable Maximum Loss" Absicherungsmaßnahmen positiv berücksichtigt werden.

Beim zweiten Ansatz bezieht man die Ausfallwahrscheinlichkeit auf eine bestimmte Mindestrendite. Das Verfehlen dieser Mindestrendite wird gleichsam als Risiko interpretiert. Für einzelne Anlagen oder Anlageklassen werden dabei Annahmen über die zukünftige Verteilung der Renditen gemacht. Diese können auf historischen Daten, Modellen oder Expertenmeinungen beruhen (Abb. 3.13).

3.2.3.1 Ratings

Die Basis von Ratings sind ebenfalls Ausfallwahrscheinlichkeiten. Ratings können intern von Banken (vgl. Kap. 4.1) oder extern von Rating-Agenturen erstellt werden. Rating-Agenturen sind dabei private Unternehmen, deren Unternehmenszweck es ist, gewerbsmäßig die Bonität (Kreditwürdigkeit) von Unternehmen sowie von Staaten und deren Körperschaften zu bewerten.

Der Prozess, um ein Rating durch eine Rating-Agentur zu erhalten, beginnt im Regelfall mit einem Auftrag durch einen Kunden (Emittent oder Kreditnehmer). Es ist aber auch möglich, dass die Rating-Agentur ohne Auftrag tätig wird (z. B. bei Staaten). Nach dem Auftrag sammelt die Rating-Agentur Informationen über das zu bewertende Unternehmen oder über den zu bewertenden Staat. Manche Informationen sind dabei frei zugänglich (Bilanzen) oder werden vom zu ratenden Kunden gestellt. Andere Informationen müssen

Finanzielle Stärke	Rating-Symbol		
	Moody's	S&P	Fitch
Ausgezeichnete Anleihequalität: Beste Qualität, geringstes Ausfallrisiko Hohe Qualität, unwesentlich höheres Ausfallrisiko	Aaa Aa1, Aa2, Aa3	AAA AA+, AA, AA-	AAA AA+, AA, AA-
Gute Anleihequalität: Gute Anleihequalität, aber mit Elementen, die zu einer negativen Entwicklung bei schlechter Marktlage führen können.	A1, A2, A3	A+, A, A-	A+, A, A-
Befriedigende Anleihequalität: Mittlere Anleihequalität, aber geringe Absicherung gegen negative Marktentwicklungen.	Baa1, Baa2, Baa3	BBB+, BBB, BBB-	BBB+, BBB, BBB-
Spekulative Anleihen: Spekulative Anleihequalität. Nur geringe Bedeckung von Tilgung und Zinsen.	Ba1, Ba2, Ba3 B1, B2, B3	BB+, BB, BB- B+, B, B-	BB+, BB, BB- B+, B, B-
Junk Bonds: Schlechteste Qualität. In Insolvenz oder davor.	Caa, Ca, C	CCC, CC, C	CCC, CC, C
No Rating: Schuldner in Zahlungsverzug oder in Konkurs.	D	D	D

Abb. 3.14 Rating-Bewertung von Rating-Agenturen. (Quelle: Eigene Darstellung nach Gleisner und Füser 2003)

von den Analysten der Rating-Agentur selbständig beschafft werden. Insbesondere, wenn sich der Kunde gar nicht bewerten lassen möchte, wie zuletzt bei diversen europäischen Staaten geschehen, ist die Informationsgewinnung sehr schwierig und damit auch extrem fehleranfällig.

Informationen die von der Rating-Agentur von Unternehmen gewonnen werden, sind, wie angesprochen, Bilanzdaten (Aktiv- und Passivpositionen, GuV) sowie Informationen zur Markt- und Konkurrenzsituation in denen das Unternehmen sich befindet. Auch weichere Faktoren wie eine subjektive Einschätzung der Güte des Managements oder der Qualität der Produkte werden verwendet. Alle Informationen werden von den Analysten aufbereitet und mathematisch bewertet (mit einer speziellen Software oder Excel-Sheets). Bewertet wird dabei die Fähigkeit des Unternehmens, die Schulden des Unternehmens zukünftig zurückzahlen zu können (Bonität). Im Regelfall gibt die Rating-Agentur zusätzlich noch einen Ausblick, wie stabil die derzeit ausgestellte Note ist, und ob diese vermutlich in nächster Zeit geändert wird.

Als Ergebnis der Bewertung der Untersuchung ermitteln die Rating-Agenturen dann eine Buchstabenkombination (eigentliches Rating) deren Grundlage die amerikanischen Schulnoten sind. A für 1, B für 2, C für 3 und D für 4 sind die Basis dieser Rating-Noten. Diese Noten werden dann noch weiter unterteilt und detailliert mit weiteren Buchstaben. Abb. 3.14 zeigt die Rating-Noten der drei wichtigsten Rating-Agenturen S&P, Moody's und Fitch.

Die Bewertung Baa oder bei S&P BBB stellt hierbei eine wichtige Grenze dar. Die drei über dieser Grenze liegenden Kategorien (Ausgezeichnete Anleihequalität, gute Anlei-

3.2 Risikobewertung

Moody's Rating	Durchschnittliche Ausfallwahrscheinlichkeit in einem Rating-Jahr (1970 – 2001)	Definition	Bemerkung
Aaa	0,00%	Höchste Qualität	Investment Grade
Aa	0,01%	Sehr hohe Qualität	
A	0,02%	Hohe Qualität	
Baa	0,15%	Gute Qualität	
Ba	1,21%	Schlechtere Qualität	Non-Investment Grade (Junk Bonds)
B	6,53%	Spekulativ	
Caa	24,73%	Substantielles Risiko	
Ca		Sehr schlechte Qualität	
C		Kurz vor oder im Konkurs	

Abb. 3.15 Durchschnittliche Default Rates (Ausfallwahrscheinlichkeiten) von Anleihen. (Quelle: Eigene Darstellung nach Informationen von Moody's)

hequalität und befriedigende Anleihequalität) werden als Investment Grade bezeichnet. Für Anleihen oder Kredite an Unternehmen, die in diesen Kategorien eingestuft wurden, bedeutet dies, dass Investments in diese Finanzprodukte in Abwägung des eingegangenen Risikos als sicher einzustufen sind. Daher investieren insbesondere Banken und Versicherungsunternehmen sehr stark in Finanzprodukte, die diese Einstufung erhalten haben. Finanzprodukte, die schlechter als die Grenze des Investment Grade eingestuft wurden, gelten als spekulativ (Non-Investment Grade). Ein Investment kann zwar immer noch vorgenommen werden, es muss aber mit einem höheren Ausfallrisiko (Default) gerechnet werden. Ein Verlust des eingesetzten Kapitals muss daher einkalkuliert werden. Unternehmen oder Anleihen, die schlechter als die absolute Bestnote AAA bewertet werden, werden durch einen Zinsaufschlag (Spread) „bestraft". Liegt der Zins für eine deutsche Staatsanleihe (Rating AAA) bei 3 %, so muss für BBB (Moody's Baa2) mit einem Aufschlag von 1–5 % gerechnet werden (je nach aktueller Markt-Situation). Der für die Finanzierung zu zahlende Zins liegt daher bei 4–8 %.

Die von den Rating-Agenturen vergebenen Noten zur Kreditwürdigkeit von Unternehmen oder Anleihen werden dabei mathematisch aus Ausfallwahrscheinlichkeiten vergleichbarer Positionen abgeleitet. Ein Beispiel für die Ermittlung dieser Noten gibt die Abb. 3.15. Über einen Zeitraum von 32 Jahren (1970–2001) wurde hier gemessen, wie viele Anleihen im jeweiligen Jahr ausfielen, die mit einem bestimmten Rating-Symbol versehen waren. Eine Anleihe mit (Moody's -) Symbol Aaa (S&P AAA) fiel über einen Ein-Jahreszeitraum nie aus, während 0,15 % also 15 von 10.000 Anleihen, die mit Note Baa (S&P BBB) bewertet wurden, nicht zurückgezahlt werden konnten.

Die derzeit immer noch schwellende Finanzkrise hat insbesondere ihren Ausgangspunkt in dieser Problematik. Durch die Rating-Agenturen wurden verbriefte (also zusammengefasste) schlechte Hypothekenkredite amerikanischer Hausfinanzierer bewertet und weiterverkauft. Bedingt durch die fehlerhafte Einschätzung des in den verbrieften Finanzprodukten innewohnenden Risikos, kam es zu Bewertungen durch die Rating-Agenturen, die besser als A lagen, was eine sehr hohe Sicherheit der Produkte implizierte. Diese nun „sicheren" Investments wurden international verkauft und kamen so in die Bücher fast aller Banken. Nachdem die Kredite in Amerika reihenweise ausfielen, und zwar mit Wahrscheinlichkeiten, die nicht der durch die Rating-Agenturen eingeschätzten Note entsprachen, mussten auch die verbrieften Finanzprodukte bilanziell abgeschrieben werden, was die betroffenen Banken und Versicherungsunternehmen teilweise an die Existenzgrenze brachte. Wäre hier eine „richtige" Note des Finanzprodukts angesetzt worden (eher C als A), so hätte die Finanzkrise bzw. die internationale Auswirkung dieser vermieden werden können, da ein Risiko schlechter als BBB- nicht in die Bücher der Banken gekommen wäre (wegen der Investment Grade Anforderung). Sogar ein Rating BBB hätte für das verbriefte Produkt eine höhere Renditeanforderung verlangt, was vermutlich dazu geführt hätte, dass das Finanzprodukt diese Renditeforderung gar nicht darstellen hätte können. Die Ausweitung der inneramerikanischen Finanzkrise auf die übrige Welt hätte somit vermieden werden können.

Als Erkenntnis der Finanzkrise sind Ratings von Rating-Agenturen heute grundsätzlich zu hinterfragen. Es genügt nicht mehr, wie früher gängig, einfach darauf zu verweisen. Generell ist aber die Bewertung eines Investments in einen Schuldner durch ein Rating eine sehr interessante Sache. Über eine Note (und deren Ausblick) kann sehr einfach das Risiko eines Investments von jedermann erkannt werden, ohne wirklich Ahnung von der Materie zu haben. Daher kommt der Glaubhaftigkeit und damit der Seriosität der Rating-Agentur eine sehr hohe Bedeutung zu. Leider haben aber gerade die großen Rating-Agenturen ihre Glaubhaftigkeit in der Finanzkrise verloren. Die größte Rating-Agentur Standard & Poor's (S&P) wird in den USA wegen der Fehleinschätzung der Hypothekenkredite sogar auf Entschädigungszahlungen in Höhe von mehreren Milliarden US$ durch das US-Justizministerium verklagt.[15]

Ein grundsätzlicher Aspekt in diesem Zusammenhang ist, dass die Rating-Agenturen selbständige Unternehmen sind, die wie alle Unternehmen Profit erzeugen sollten. Dieses Profitstreben steht aber im Gegensatz zu einer unabhängigen Rating-Einschätzung, da nicht nur durch die Ratings sondern, meist durch Rating-Beratung der Unternehmen Geld von den Rating-Agenturen verdient wird. Hinzu kommt, dass schon 1936 durch die US-Bankenaufsicht festgesetzt wurde, dass die Banken in den Vereinigten Staaten nur noch Emissionen und Forderungen mit einem Investment Grade Rating übernehmen durften. Dies löste einen Zwang zur Übernahme externer Ratings von Rating-Agenturen aus, was insbesondere auch von den europäischen Bankenaufsichten später übernommen wurde. Rating ist und bleibt eine wichtige Komponente im Risikomanagement mit dem Problem, dass das Rating zwar vorgeschrieben wird, diesem aber nicht mehr getraut werden kann. Ein eigenes Rating der Banken und damit auch die entsprechende Verbindung zum

---

[15] Vgl. hierzu Artikel "S&P gibt sich nach Klage kämpferisch" im Handelsblatt vom 12.2.2013. http://www.handelsblatt.com/unternehmen/banken/ratingagentur-sundp-gibt-sich-nach-klage-kaempferisch/7773008.html. Zugegriffen: 6. März 2013.

Risikomanagement der Unternehmen wird damit in Zukunft unerlässlich (vgl. Kap. 4.1). In Absprache mit den jeweiligen Aufsichtsbehörden muss sich erst eine neue Struktur etablieren, die aus heutiger Sicht immer noch nicht abschätzbar ist.[16]

3.2.3.2 Ausfallwahrscheinlichkeiten

Wie in Kap. 3.2.1.4 beschrieben ist die Standardabweichung als Risikomaß bei nicht symmetrischen Verteilungen nur sehr bedingt geeignet. Zudem orientiert sich die Größe Standardabweichung nicht an eventuellen Mindestergebnissen, die erzielt werden müssen, sondern misst nur die Volatilität der Renditen bzw. Preise der entsprechenden Risikoklasse. Gerade Risiko-Rendite-Konzepte müssen allerdings häufig Verbindlichkeitsstrukturen berücksichtigen. Aus dieser Tatsache wird das Konzept der Ausfallwahrscheinlichkeiten (Shortfall Constraints) abgeleitet, die sich folgendermaßen beschreiben lassen: Mit einer vorgegebenen Wahrscheinlichkeit α soll im betrachteten Zeithorizont eine ebenfalls vorgegebene Mindestrendite z nicht unterschritten werden. Mathematisch lässt sich diese Nebenbedingung demnach wie folgt ausdrücken:

$$P(\overline{\mu}_P < z) \leq \alpha \qquad (3.22)$$

Diese Formulierung misst somit die Gefahr, dass eine minimale Vorgabe (Benchmark) wie eine Rendite, ein Kurs oder ein Preis innerhalb eines bestimmten Zeithorizonts verfehlt wird. Formal wird die Ausfallwahrscheinlichkeit auch als Lower Partial Moment 0 (LPM_0) bezeichnet und folgendermaßen bestimmt:

$$LPM_0(X) = \sum_{i=1}^{n} \delta_i p_i \quad \delta_i = \begin{cases} 1 & \quad X_i < \alpha \\ & falls \\ 0 & \quad sonst \end{cases} \qquad (3.23)$$

Neben der hier behandelten Problemstellung, mag auch die Frage berechtigt sein, welche Rendite (Preis- oder Kursvorgabe) von einer bestimmten Position mit einer vorgegebenen Wahrscheinlichkeit, von beispielsweise $\alpha = 10\%$, verfehlt wird. Die mit α verbundene Rendite-Position wird dann auch als Threshold Return bezeichnet. Im Fall von Preisen (oder Werten) spricht man in diesem Zusammenhang vom **Value-at-risk**.

3.2.3.3 Lower Partial Moments

Das vorgestellte Konzept der Shortfall Constraints birgt gewisse Schwachstellen, falls die zugrundeliegenden Verteilungen nicht mehr symmetrisch sind. Ausgangspunkt der Überlegungen ist die Tatsache, dass die Ausfallwahrscheinlichkeiten kein Gradmesser für die Höhe der möglichen Verluste sind. Dies spielt beispielsweise dann eine Rolle, wenn Optionen im Sinne einer Portfolio Insurance (vgl. hierzu auch das Kapitel über Optionen) eingesetzt werden. Die Absicherung eines (Aktien-)Bestandes mit dem Kauf eines Put macht dies deutlich. Während das Gewinnpotential um die Optionsprämie geschmälert wird, ansonsten aber nach oben unbegrenzt ist, ist der Verlust nach unten durch den Ausübungskurs beschränkt. Damit führt ein solcher Putoptionsschutz in der Regel zwar zu

---

[16] Vgl. hierzu Schittenhelm und Wengert 2009.

wahrscheinlicheren Ausfällen, weil eine vorgegebene Mindestrendite aufgrund der zu zahlenden Optionsprämie im Durchschnitt häufiger unterschritten wird. Deren Ausmaß ist jedoch geringer als bei einem nicht abgesicherten Portfolio. Damit sind jedoch gleichzeitig sowohl die Volatilität als auch die Ausfallwahrscheinlichkeit als Maß für das Anlagerisiko ungeeignet. Es liegt nun nahe, die Ausfallrisiken wie die Renditerisiken zu behandeln, indem man die Ausfallerwartung und die Ausfallvolatilität (**Lower Partial Moments**) betrachtet. Allgemein sind Lower Partial Moments ($k = 0,1,2,3, \ldots$) beispielsweise für diskrete Zufallsvariablen wie folgt definiert (Formel 3.23 ist dabei ein Spezialfall von 3.24 mit $k = 0$):

$$LPM_k(X) = \sum_{i=1}^{n} \delta_i p_i (\alpha - X_i)^k \quad \delta_i = \begin{cases} 1 & \text{falls} & X_i < \alpha \\ 0 & & \text{sonst} \end{cases} \quad (3.24)$$

Die Interpretation der Lower Partial Moments als Ausfallerwartung und Ausfallvolatilität für die Fälle $k = 1$ und $k = 2$ ist indes nicht ganz einfach, und so wird gerne der sogenannte **Mean Excess Loss** herangezogen, der sich als

$$MEL = \frac{LPM_1}{LPM_0} \quad (3.25)$$

ergibt. Der Mean Excess Loss ist also der Erwartungswert der Rendite unter der Voraussetzung, dass man unterhalb der Benchmark α bleibt. Er gibt also eine Art durchschnittlichen Verlust an.

Beispiel

1. Mithilfe eines finanzmathematischen Modells wurde eine Monte Carlo Simulation durchgeführt und dabei folgende Renditen für eine Anlage simuliert.

Rendite in %	-2	-1	0	1	2	3	4	5	6	7	8	9
Anzahl der Realisationen	6	12	29	65	88	123	156	145	117	45	11	3

Gibt man nun eine Mindestrendite von beispielsweise 3 % vor, so ergeben sich aufgrund obiger Simulation die Ausfallwahrscheinlichkeit LPM_0, die Ausfallerwartung LPM_1 und die Ausfallvolatilität LPM_2 sowie der Mean Excess Loss MEL wie folgt:

$$LPM_0 = \frac{200}{800} = 0{,}25.$$

$$LPM_1 = \frac{5 \cdot 6 + 4 \cdot 12 + 3 \cdot 29 + 2 \cdot 65 + 1 \cdot 88}{800} = 0{,}47875.$$

$$LPM_2 = \frac{25 \cdot 6 + 16 \cdot 12 + 9 \cdot 29 + 4 \cdot 65 + 1 \cdot 88}{800} = 1{,}18875.$$

$$MEL = \frac{LPM_1}{LPM_0} = \frac{0{,}47875}{0{,}25} = 1{,}915.$$

In 200 der 800 Simulationen liegt man also unterhalb der 3 %-Schwelle, was einer Ausfallwahrscheinlichkeit von 25 % entspricht. Der Mean Excess Loss gibt ferner an, dass man, falls die 3 %-Schwelle nicht erreicht wird, durchschnittlich 1,915 Prozentpunkte unterhalb dieser 3 %-Schwelle liegt. Man erreicht dann also eine durchschnittliche Rendite von 1,085 %.

2. Die Rendite einer Anlage sei durch eine Gleichverteilung im Bereich zwischen 0 % und 12 % dargestellt, d. h. durch die Dichtefunktion:

$$f(x) = \frac{1}{12}, \quad 0 \leq x \leq 12.$$

Für den Erwartungswert und die Standardabweichung ergeben sich dann:

$$E[X] = \int_0^{12} x \cdot f(x)dx = \left[\frac{1}{24} \cdot x^2\right]_0^{12} = 6 - 0 = 6.$$

$$VAR[X] = \int_0^{12} x^2 \cdot f(x)dx - 36 = \left[\frac{1}{36} \cdot x^3\right]_0^{12} - 36 = 48 - 36 = 12. \quad SD[X] = 2\sqrt{3}.$$

Betrachtet man nun die Ausfallwahrscheinlichkeit, die Ausfallerwartung und die Ausfallvolatilität sowie den Mean Excess Loss bei einer vorgegebenen Mindestrendite von 3 %, so ergeben sich folgende Werte:

$$LPM_0 = \int_0^3 (3-x)^0 \cdot f(x)dx = \left[\frac{1}{12} \cdot x\right]_0^3 = \frac{3}{12} - 0 = 0{,}25.$$

$$LPM_1 = \int_0^3 (3-x)^1 \cdot f(x)dx = \left[\frac{1}{4} \cdot x - \frac{1}{24} \cdot x^2\right]_0^3 = \frac{3}{4} - \frac{9}{24} = \frac{9}{24} = 0{,}375.$$

$$LPM_2 = \int_0^3 (3-x)^2 \cdot f(x)dx = \left[\frac{9}{12} \cdot x - \frac{3}{12} \cdot x^2 + \frac{1}{36} \cdot x^3\right]_0^3 = \frac{9}{4} - \frac{27}{12} + \frac{27}{36}$$

$$= \frac{81 - 81 + 27}{36} = \frac{27}{36} = \frac{3}{4} = 0{,}75.$$

$$MEL = \frac{LPM_1}{LPM_0} = \frac{0{,}375}{0{,}25} = 1{,}5$$

Offensichtlich liegt eine 25 % Wahrscheinlichkeit vor, dass die Rendite von 3 % nicht erreicht wird. Der Mean Excess Loss beschreibt den erwarteten durchschnittlichen Verlust, der bei 1,5 % liegt, d. h. für den Fall, dass man die 3 % Mindestrendite nicht erreicht, liegt man im Durchschnitt 1,5 Prozentpunkte unter dieser 3 %-Schwelle.

3.2.4 Gesamtrisiken

Das letzte Unterkapitel im Rahmen der Risikoquantifizierung setzt sich mit Fragen der Ermittlung von Gesamtrisiken auseinander, also der Frage, wie man Einzelrisiken zusammenfasst bzw. die Risikosituation für das Gesamtunternehmen ableitet (vgl. Abb. 3.16).

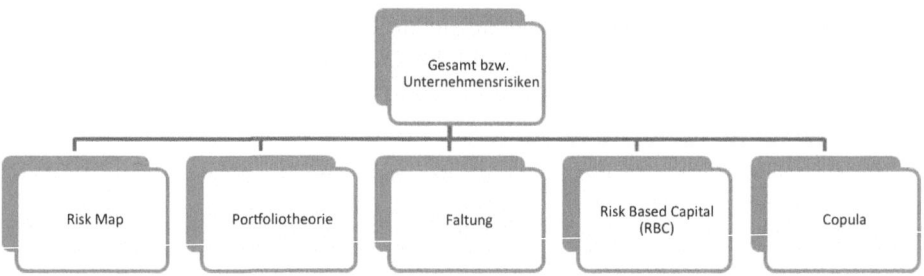

Abb. 3.16 Methoden der Bewertung von Gesamtrisiken.(Quelle: Eigene Darstellung)

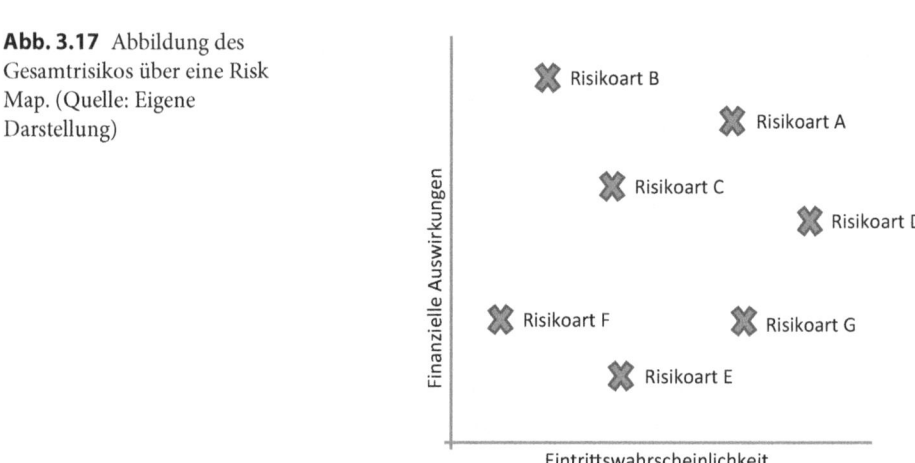

Abb. 3.17 Abbildung des Gesamtrisikos über eine Risk Map. (Quelle: Eigene Darstellung)

Bisher haben wir uns nur mit der Bewertung einzelner Risiken oder Risikoklassen auseinandergesetzt. Eine einfache Addition aller Einzelrisiken würde das Gesamtrisiko des Unternehmens aber wohl überschätzen, da es sehr unwahrscheinlich ist, dass alle negativen Ereignisse gleichzeitig eintreten. Manche Ereignisse schließen sich gar gegenseitig aus.

3.2.4.1 Risk Map

Die einfachste Form der Darstellung eines Gesamtrisikos ist die sogenannte Risk Map. Jede Risikoart wird auf der Risikokarte (Risk Map) abgebildet, indem die Eintrittswahrscheinlichkeit (i. d. R. auf der x-Achse) den möglichen Auswirkungen (y-Achse) zugeordnet werden. Daraus ergibt sich ein zweidimensionales Schaubild (3.17).

Zur weiteren Veranschaulichung wird die Abbildung in Quadrate eingeteilt, üblich sind zumeist 4, 9 oder 25 Quadrate. Diese Einteilung erleichtert Steuerungsmaßnahmen. So sind Risiken mit hoher Eintrittswahrscheinlichkeit und großer negativer finanzieller Auswirkung beispielsweise grundsätzlich zu vermeiden. Niedrige Eintrittswahrscheinlichkeiten mit großen finanziellen Auswirkungen sprechen wiederum für Absicherungsmaßnahmen. Niedrige Eintrittswahrscheinlichkeiten und geringe finanzielle Auswirkungen hingegen

3.2 Risikobewertung

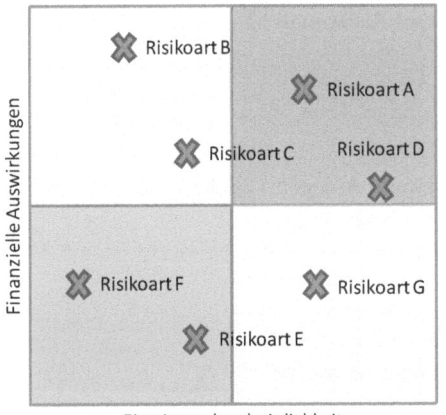
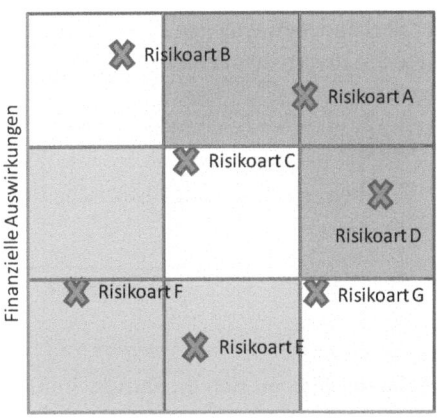

Abb. 3.18 Klassifizierung innerhalb der Risk Map. (Quelle: Eigene Darstellung)

könnten für ein bewusstes Akzeptieren von Risiken sprechen. Eine Möglichkeit, diese Steuerungsmaßnahmen transparent zuzuordnen, ist auch hier ein Ampelsystem, bei dem rot (unten links) für zu vermeidende Risiken, gelb (zentrale Position) für zu steuernde Risiken und grün (oben rechts) für akzeptierbare Risiken steht (vgl. Abb. 3.18).

Der Vorteil einer Risk Map besteht darin, dass alle Risikoarten einfach erfasst werden können und in einem Schaubild darstellbar sind. Damit ist es möglich, sowohl quantitative als auch qualitative Risiken zusammenzufassen. Diese Vereinfachung stellt zugleich natürlich auch den wesentlichen Kritikpunkt an einer Risk Map dar. Wesentliche Erkenntnisse aus der Risikoquantifizierung gehen für quantifizierbare Risiken verloren, eine Berücksichtigung von Korrelationen zwischen einzelnen Risikoarten ist praktisch nicht möglich.

3.2.4.2 Portfoliotheorie

Zunächst betrachten wir die sogenannte moderne Portfoliotheorie, die auf Harry Markowitz[17] zurückgeht. Sie stellt die Grundlage moderner Risiko- Rendite-Analysen dar. Dabei stand allerdings nicht die Risikoquantifizierung im Vordergrund, sondern eine optimale Zusammenstellung mehrere Wertpapiere bzw. Geldanlagen. Da wir die Grundzüge der Ideen von Markowitz an anderer Stelle noch benötigen, sind sie hier kurz zusammengefasst. Die moderne Portfoliotheorie ist dadurch gekennzeichnet, dass sie im Gegensatz zur klassischen Investitionsrechnung Risiken explizit quantifiziert. Allerdings handelt es sich um ein Zwei-Zeitpunkte-Modell, das nicht explizit zukünftige Cashflows berücksichtigt.

Als Risikomaß wird im Grundmodell wieder die Standardabweichung der Renditen einzelner Anlagen verwendet. Anschließend wird untersucht, inwieweit eine Mischung

---

[17] Vgl. Markowitz 1952, S. 77 ff.

der vorhandenen Anlagen Auswirkungen auf dieses Risikomaß hat. Zunächst wollen wir diesen Sachverhalt an einem Beispiel illustrieren.

Beispiel

Gegeben seien folgende historische Renditen zweier Anlagen 1 und 2:

R_1 (%)	9	5	6	0
R_2 (%)	4	6	0	2

Daraus ergeben sich die durchschnittlichen Renditen von $\overline{\mu_1} = \frac{1}{4}\sum_{t=1}^{4} R_{1,t} = \frac{20\%}{4} =$ 5 % für die Anlage 1 und 3 % für die Anlage 2.

Die empirischen Standardabweichungen betragen $\bar{\sigma}_1 = \sqrt{\frac{1}{3} \cdot \sum_{t=1}^{4}(R_{1,t} - 5\%)^2} =$ 3,74 % für die Anlage 1 und 2,58 % für die Anlage 2. Unterstellt man eine Mischung der Anlagen 1 und 2, so würden sich aus historischer Sicht folgende gewichtete Renditen mit den entsprechenden Durchschnittsrenditen und Standardabweichungen ergeben:

	t = 1 (%)	t = 2 (%)	t = 3 (%)	t = 4 (%)	μ (%)	σ (%)
100 % A1	9	5	6	0	5	3,74
80 % A1, 20 % A2	8	5,2	4,8	0,4	4,6	3,14
60 % A1, 40 % A2	7	5,4	3,6	0,8	4,2	2,66
40 % A1, 60 % A2	6	5,6	2,4	1,2	3,8	2,37
20 % A1, 80 % A2	5	5,8	1,2	1,6	3,4	2,34
100 % A2	4	6	0	2	3,0	2,58

Wir sehen, dass sich für die Mischungsverhältnisse 40 % Anlage 1, 60 % Anlage 2 und 20 % Anlage 1, 80 % Anlage 2 empirische Standardabweichungen ergeben, die geringer sind als die Standardabweichungen der Anlagen 1 und 2. Dieser Effekt wird auch als **Diversifikationseffekt** bezeichnet.

Der statistische Hintergrund der Portfoliotheorie, bei der im Allgemeinen drei Parameter betrachtet werden, soll nun eingehender untersucht werden:

$$E(A) = \mu_A = \frac{1}{n}\sum_{i=1}^{n} R_i^A \qquad (3.26)$$

3.2 Risikobewertung

sei der Erwartungswert der Rendite einer Anlage A (mit geschätzten Renditewerten R_i),

$$\text{SD}(A) = \sigma_A = \sqrt{\frac{1}{n-1}\left(R_i^A - \mu_A\right)^2} \qquad (3.27)$$

sei die Standardabweichung der Rendite als Maß für das Risiko einer Anlage A und

$$\rho_{A_i, A_j} = \frac{\text{Cov}(A_i, A_j)}{\sigma_{A_i}\sigma_{A_j}} \qquad (3.28)$$

sei der Korrelationskoeffizient der Renditen zweier verschiedener Anlagen A_i und A_j.

Betrachtet wird ein Portfolio P mit N Anlagen mit zufälligen Renditen A_i und einem jeweiligen Anteil x_i am Gesamtportfolio, also

$$P = \sum_{i=1}^{N} x_i A_i, \quad \sum_{i=1}^{N} x_i = 1 \qquad (3.29)$$

Das insgesamt zur Verfügung stehende Kapital wird also auf eins normiert. Für die erwartete Rendite des Gesamtportfolios P und ihre Standardabweichung gilt dann:

$$E(P) = E\left(\sum_{i=1}^{N} x_i A_i\right) = \sum_{i=1}^{N} x_i E(A_i) = \sum_{i=1}^{N} x_i \mu_i \qquad (3.30)$$

und

$$\text{SD}(P) = \text{SD}\left(\sum_{i=1}^{N} x_i A_i\right) = \sqrt{\sum_{i=1}^{N}\sum_{j=1}^{N} x_i x_j \text{Cov}(A_i, A_j)}$$

$$= \sqrt{\sum_{i=1}^{N} x_i^2 \sigma_i^2 + 2\sum_{i>j} x_i x_j \text{Cov}(A_i, A_j)} \qquad (3.31)$$

Dabei bezeichnet $\text{Cov}(A_i, A_j)$ die Kovarianz der Renditen zweier Anlagen A_i und A_j. Es gilt nun:

$$\text{SD}(P) = \text{SD}\left(\sum_{i=1}^{N} x_i A_i\right) \leq \sum_{i=1}^{N} x_i \text{SD}(A_i) \qquad (3.32)$$

denn

$$\text{SD}(P) = \text{SD}\left(\sum_{i=1}^{N} x_i A_i\right) = \sqrt{\sum_{i=1}^{N} x_i^2 \sigma_i^2 + 2\sum_{i>j} x_i x_j \text{Cov}(A_i, A_j)} \qquad (3.33)$$

und da $\text{Cov}(A_i, A_j) = \rho_{i,j} \cdot \sigma_i \sigma_j \leq \sigma_i \sigma_j$ ist, gilt

$$\text{SD}(P) \leq \sqrt{\sum_{i=1}^{N} x_i^2 \sigma_i^2 + 2\sum_{i>j} x_i x_j \sigma_i \sigma_j} = \sum_{i=1}^{N} x_i \sigma_i \qquad (3.34)$$

Abb. 3.19 Risiko und Rendite für ein Portfolio mit zwei risikobehafteten Wertpapieren A und B bei Korrelation zwischen −1 und 1. (Quelle: Eigene Darstellung)

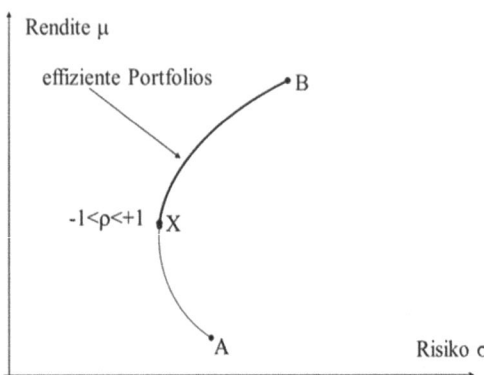

Somit wird klar, dass die Standardabweichungen für Summen von Zufallsvariablen von den paarweisen Korrelationen der Zufallsvariablen abhängen. Dies bedeutet, dass die Standardabweichung (und damit das so bewertete Risiko) der Renditen des Gesamtportfolios P kleiner oder höchstens gleich ist wie die Summe der gewichteten Einzelrisiken – was den oben erwähnten **Diversifikationseffekt** zur Folge hat. Wie man aus der obigen Formel für die Berechnung der Portfolio-Standardabweichung $SD(P) = \sigma_P$ erkennen kann, sind bei N Aktien insgesamt $(N − 1) + (N − 2) + \ldots + 2 + 1 = N/2 \cdot (N − 1)$ Kovarianzen bzw. Korrelationen zu schätzen.

Grafisch lassen sich die oben beschriebenen Erkenntnisse für den Fall von zwei Anlagen folgendermaßen veranschaulichen (Abb. 3.19).

Anlage B zeichnet sich in der Abbildung durch eine höhere erwartete Rendite als Anlage A aus. Dafür ist gleichzeitig der Preis eines höheren Risikos zu tragen. Die Hyperbel zwischen den Punkten A und B beschreibt alle möglichen Kombinationen aus A und B mit dem dazugehörigen Risiko-Rendite-Profil und dem damit verbundenen Effekt der Risikoreduktion. Dass es sich um eine Hyperbel handeln muss, erkennt man an der Formel zur Berechnung der gemeinsamen Standardabweichung. Die dick durchgezogene Linie zwischen den Punkten X und B beschreibt in diesem einfachen Modellfall **die Menge aller optimalen bzw. effizienten Portfolios.** Für diese, auch als **Efficient Frontier** bezeichnete Linie gilt: Alle Portfoliokombinationen, die auf ihr liegen, sind in dem Sinne optimal, dass es keine anderen Kombinationen gibt, die entweder zu gegebenem Risiko eine höhere erwartete Rendite oder bei gegebener Rendite ein geringeres Risiko aufweisen. Je nach Risikopräferenz sollte der Anleger eines dieser optimalen Portfolios auswählen.

Für den theoretischen Fall, dass Korrelationen von −1 (vollständig negative Korrelation) und +1 (vollständig positive Korrelation) vorliegen, sehen die Schaubilder etwas anders aus. Da sich diese vollständige Korrelation aus historischen Daten im Grunde nie ergibt, wollen wir auf die Betrachtung dieser Spezialfälle hier verzichten und auf die entsprechende Literatur zur Portfoliotheorie verweisen.

Erweitert man die Problemstellung auf mehrere Anlagen, können die effizienten (optimalen) Portfolios mathematisch mithilfe eines quadratischen Programms bestimmt wer-

3.2 Risikobewertung

den, wobei es im Grunde um die richtige Wahl der Anlagenanteile x_i am Gesamtportfolio geht:

$$QP(1) = \begin{cases} & \sum_{i=1}^{N} x_i \cdot \overline{\mu}_i = \overline{\mu}_P \to \max \\ \text{u.d.N.:} & \sum_{i=1}^{N} x_i^2 \sigma_i^2 + 2 \sum_{i>j}^{N} x_i x_j \cdot \rho_{i,j} \cdot \sigma_i \sigma_j =: R_0 \\ & \sum_{i=1}^{N} x_i = 1; x_i \geq 0 \, (i = 1, \ldots N) \end{cases} \quad (3.35)$$

Aufgrund der Monotonie der Quadratwurzel kann dabei statt der Standardabweichung die Varianz verwendet werden. Die Optimierung liefert in beiden Fällen dasselbe optimale Portfolio. Führt man somit die Optimierung für alle darstellbaren Varianzen R_0 durch, so erhält man die **Menge der effizienten Portfolios**.

Das quadratische Programm kann alternativ wie in QP(2) formuliert werden, wobei – wiederum unter Berücksichtigung der strengen Monotonie der Quadratwurzel – das Portfoliorisiko bei vorgegebenem Ertrag minimiert wird:

$$QP(2) = \begin{cases} & \sum_{i=1}^{N} x_i^2 \sigma_i^2 + 2 \sum_{i>j}^{N} x_i x_j \cdot \rho_{i,j} \cdot \sigma_i \sigma_j \to \min \\ \text{u.d.N.:} & \sum_{i=1}^{N} x_i \cdot \overline{\mu}_i = \overline{\mu}_P =: M_0 \\ & \sum_{i=1}^{N} x_i = 1; x_i \geq 0 (i = 1, \ldots N) \end{cases} \quad (3.36)$$

Die Risiko-Rendite-Analyse stellt heute das wohl meistgenutzte Instrumentarium zur Portfolioselektion dar. Die Selektion kann sich auf eine strategische Kapitalanlageauswahl (asset allocation) beziehen, bei der nur zwischen Anlageklassen unterschieden wird, oder bis zur konkreten Kapitalanlage (stock picking) reichen, bei der es um die Auswahl von Einzelanlagen geht.

Die Rendite wird häufig mithilfe der empirischen Erwartung, das Risiko mithilfe der empirischen Varianz oder Standardabweichung ermittelt. Es sind allerdings auch andere Maße für Risiko und Rendite denkbar. Es ist möglich, für alle Anlageklassen eine Ermittlung von Risiko und Rendite vorzunehmen, wenngleich dies teilweise mit erheblichen Schwierigkeiten verbunden ist. Die Definition geeigneter Anlageklassen hängt von den individuellen Bedürfnissen des Investors ab. Je mehr Anlageklassen definiert werden, desto mehr Daten müssen gesammelt werden.

Während man bei Aktien, relativ unproblematisch auf vergangenheitsbezogene Daten zurückgreift und so mit Hilfe von empirischem Erwartungswert und dessen Streuung arbeitet, ist dies beispielsweise für den Bereich von Anleihen und für Immobilien- und Grundstücksinvestitionen weitaus schwieriger.

Zusammenfassend muss gesagt werden, dass die richtige Wahl der Inputvariablen für die beiden Parameter Risiko und Ertrag das wesentliche Problem aller Risiko-Rendite-Analysen darstellt.

Wählt man kurze Zeiträume, führt die Volatilität risikobehafteter Wertpapieranlagen im Allgemeinen zu verhältnismäßig hohen Irrtumswahrscheinlichkeiten bzw. unterstellt vergleichsweise niedrige Renditen. Angesichts der Tendenz, risikofreien Kapitalanlagen in dieser Situation den Vorrang zu gewähren, bleiben Gewinnpotenziale riskanter Anlagen größtenteils ungenutzt.

Umgekehrt kann es sich bei der Wahl von zu großen Betrachtungszeiträumen verhalten. Hier liegt die Gefahr darin, ausschließlich risikobehaftete Anlagen zu selektieren, die bei negativer Entwicklung existenzbedrohende Verluste mit sich bringen können. In diesem Zusammenhang werden zusätzlich häufig sogenannte Stress Tests durchgeführt, die die Auswirkungen dieser Extremfälle quantifizieren.

3.2.4.3 Faltung

Ein wesentlicher Nachteil der modernen Portfoliotheorie ist die Tatsache, dass die kompletten Kenntnisse über die Verteilung von Risikoklassen auf die beiden Parameter Rendite (Erwartungswert) und Risiko (Standardabweichung) reduziert werden. Erkenntnisse aus historischen Daten über extreme Verluste werden somit leicht nivelliert. Gerade bei der Ermittlung von Gesamtrisiken ist zudem davon auszugehen, dass Risikoklassen betrachtet werden müssen, die nicht symmetrisch sind. Ein Ansatz aus der Statistik ist die sogenannte Faltung. Im Gegensatz zur Portfoliotheorie können damit allerdings keine Korrelationen zwischen einzelnen Risikoklassen berücksichtigt werden. Die Faltung unterstellt unabhängige und damit unkorrelierte Zufallsvariablen.

> **Beispiel**
>
> Wir betrachten das vorherige Beispiel mit den gegebenen historischen Renditen der Anlagen 1 und 2:
>
> | R_1 (%) | 9 | 5 | 6 | 0 |
> |---|---|---|---|---|
> | R_2 (%) | 4 | 6 | 0 | 2 |
>
> Wir unterstellen nun eine Mischung der Anlagen 1 und 2 von 60:40 und hatten hierfür bereits folgende Daten ermittelt:
>
> | | t = 1 (%) | t = 2 (%) | t = 3 (%) | t = 4 (%) | μ (%) | σ (%) |
> |---|---|---|---|---|---|---|
> | 60 % A1, 40 % A2 | 7 | 5,4 | 3,6 | 0,8 | 4,2 | 2,66 |
>
> Führen wir nun stattdessen eine Faltung durch, so ergibt sich folgendes Tableau:

3.2 Risikobewertung

Faltung	4 %	6 %	0 %	2 %
9 %	7,00 % (*)	7,80 %	5,40 %	6,20 %
5 %	4,60 %	5,40 %	3,00 % (**)	3,80 %
6 %	5,20 %	6,00 %	3,60 %	4,40 %
0 %	1,60 %	2,40 %	0,00 %	0,80 %

Wobei (*) und (**) beispielsweise folgendermaßen berechnet werden:

60 %*9 % + 40 %*4 % = 7 %(*)   und mit   60 %*5 % + 40 %*0 % = 3 %(**).

Überträgt man die Ergebnisse in eine Häufigkeitstabelle, so ergibt sich folgende Darstellung:

Wert a	0,0 %	0,8 %	1,6 %	2,4 %	3,0 %	3,6 %	3,8 %	4,4 %
h(a)	1	1	1	1	1	1	1	1
Wert a	4,6 %	5,2 %	5,4 %	6,0 %	6,2 %	7,0 %	7,8 %	
h(a)	1	1	2	1	1	1	1	

Wir können nun die Ausfallwahrscheinlichkeiten bestimmen, wobei wir die Mindestrenditen in nachfolgender Tabelle bei 2 %, 2,5 %, 3 %, 3,5 % und 4 % setzen. Zum Vergleich sind die Ausfallwahrscheinlichkeiten für den obigen Fall unter Annahme einer Normalverteilung $N(4{,}2;\,2{,}66^2)$ angegeben.

	2 %	2,5 %	3 %	3,5 %	4 %
Faltung	18,75 %	25,00 %	25,00 %	31,25 %	43,75 %
Normalverteilung	20,41 %	26,14 %	32,59 %	39,62 %	47,00 %

Es zeigt sich, dass die Faltung in diesem Beispiel stets zu niedrigeren Ausfallwahrscheinlichkeiten führt als die Normalverteilung. Da die Faltung die Unkorreliertheit der Zufallsvariablen voraussetzt, fällt der positive Effekt der Diversifikation hier stärker aus als bei der Normalverteilung, bei der die beiden Renditen eine Korrelation von $\rho = 0{,}21$ haben.

3.2.4.4 Corporate Risk Value

Der wesentliche Nachteil der Faltung besteht in der damit verbundenen Voraussetzung der Unabhängigkeit der einzelnen Risiken. Tatsächlich kann aber eine Korrelation bei vielen Risikoklassen nicht ausgeschlossen werden. Andererseits liefert auch die Portfoliotheorie unter der Annahme von Normalverteilungen keinen befriedigenden Ansatz für die Ermittlung von Gesamtrisiken. Eine einfache und damit verständliche Vorgehensweise ermittelt zunächst alle Einzelrisiken und verbindet diese dann über eine mathematische Formel, die einzelne Korrelationen berücksichtigen kann. Dieser Ansatz bietet den Vorteil, dass

Einzelrisiken transparent bleiben, aber dennoch bei der Bestimmung eines Gesamtrisikos Abhängigkeiten und Korrelationen berücksichtigt werden können.

Der von den Autoren **Corporate Risk Value (CRV)** bezeichnete Ansatz, geht auf den Ansatz des Risk Based Capital (RBC) zurück. Beim RBC handelt es sich um spezielle Modelle zur Ermittlung aufsichtsrechtlicher Solvabilitätsanforderungen, die als Weiterentwicklung kennzahlenbasierter Solvabilitätskonzepte gelten.[18] Das Modell des Risk Based Capital wird von der US-amerikanischen Versicherungsaufsichtsbehörde NAIC (National Association of Insurance Commissioners) als Aufsichtsinstrument eingesetzt (vgl. Kap. 4). Zudem nutzen Rating-Agenturen dieses Modell zur Bewertung der Gesamtrisiken von Unternehmen.

Die Grundidee des CRV-Ansatzes besteht darin, zunächst alle wichtigen Risikoklassen des Unternehmens einzeln mit Anforderungen zu belegen. Das insgesamt vorzuhaltende risikoadäquate Kapital CRC (Corporate Risk Capital) summiert sich dann aus den Einzelanforderungen unter Berücksichtigung der Abhängigkeitsbeziehungen zwischen den einzelnen Risikoklassen. Das Risikokapital CRC wird nach Ermittlung ins Verhältnis zum gesamten im Unternehmen vorhandenen Kapital TCC (Total Corporate Capital) gesetzt, um den Wert CRV zu erhalten.

Die Berechnung des CRC erfolgt, indem die Werte für die Risikoklassen Finanzrisiken (CRC1) und operationale Risiken (CRC2) ermittelt werden (vgl. Abb. 3.20). Je Risikoklasse, die in Risikoarten weiter unterteilt werden kann, wird anschließend eine Risikokennziffer gewonnen, die schließlich unter Berücksichtigung möglicher Korrelations- oder Ausgleichseffekte (der Risikoklassen und Risikoarten) zu einer Gesamtgröße, dem CRC, zusammengefasst wird.

$$CRC = CRC1 + CRC2 \qquad (3.37)$$

CRC1 und CRC2 können dabei aus den zugrundeliegenden Risikoarten des Unternehmens einfach oder komplex berechnet werden. Beispielsweise könnte der Wert CRC 2 aus den einzelnen im Unternehmen vorkommenden Risikoarten wie folgt ermittelt werden:

$$CRC2 = \sqrt{(CRC21 + CRC22)^2 + CRC23^2} + CRC24 \qquad (3.38)$$

CRC21 könnte dabei das Marktrisiko, CRC22 das Technologierisiko, CRC23 das Personalrisiko und CRC24 das externe Risiko darstellen. Unterschiede in der Bewertung ergeben sich aufgrund der unterschiedlichen Beziehungen der Risikoarten zueinander. Welche Berechnungsmethode zur Zusammenfassung der einzelnen Risiken gewählt wird, ist dabei wiederum stark von der Unternehmensstruktur abhängig.

Das entsprechend der Risikopositionierung vorzuhaltende Kapital CRC wird schließlich mit dem Gesamtkapital des Unternehmens, dem Total Corporate Capital (TCC), konfrontiert, das vergleichbar mit den haftenden Eigenmitteln des Unternehmens ist. Auch die

---

[18] Vgl. Gabler Wirtschaftslexikon.

3.2 Risikobewertung

Berechnung des TCC kann von Unternehmen zu Unternehmen unterschiedlich sein. Der Wert des Corporate Risk Value errechnet sich dann wie folgt:

$$CRV = \frac{CRC}{TCC} \qquad (3.39)$$

Steigt der Wert des CRV, also die Relation (CRC/TCC) über den Wert 1 (100 %) an, so sollte spätestens dann eine Gegenreaktion des Managements ausgelöst werden. Der Grund hierfür ist einfach. Sollten die Risiken eintreten, hat das Unternehmen nicht genügend Kapital zur Verfügung, um diesen Fall abdecken zu können. Das Unternehmen wäre entsprechend konkursgefährdet. Zur Steuerung des Unternehmens ist es sinnvoll, den eigentlichen Wert CRV als auch dessen Entwicklung ständig genau zu beobachten. Bei negativen Entwicklungen kann dementsprechend frühzeitig entgegengesteuert werden, um das Unternehmen risikotechnisch wieder zu verbessern.

3.2.4.5 Copula-Funktionen

Copula-Funktionen sind formal multivariate Verteilungsfunktionen mit gleichverteilten Randverteilungen, durch die sich funktionale Abhängigkeiten zwischen verschiedenen Zufallsvariablen beschreiben lassen. Mittels Copula-Funktionen können beliebig verteilte Zufallsvariable mit beliebigen Abhängigkeitsstrukturen zu neuen gemeinsamen Verteilungsfunktionen verknüpft werden (vgl. Beck et al. 2006, S. 29). Die Verwendung von sogenannten Copula-Funktionen ermöglicht somit, auf zwei wesentliche Nachteile der bisher vorgestellten Methoden einzugehen: Unterschiedliche Randverteilungen für die verschiedenen Risikoklassen (als Verbesserung zur Portfoliotheorie) und die Berücksichtigung von Korrelationen zwischen den einzelnen Risiken (als Verbesserung zur Faltung). Im Gegensatz zur CRV-Methode (Corporate Risk Value Methode), die im vorherigen Kapitel vorgestellt wurde und im Wesentlichen nur eine Risikokennzahl produziert, wird mithilfe der Copula-Funktionen eine Verteilung für das Gesamtrisiko eines Unternehmens modelliert.

Die Anwendung von Copula-Funktionen ist gleichsam mathematisch anspruchsvoll und es sei an dieser Stelle nochmals darauf hingewiesen, dass ein blindes Anwenden

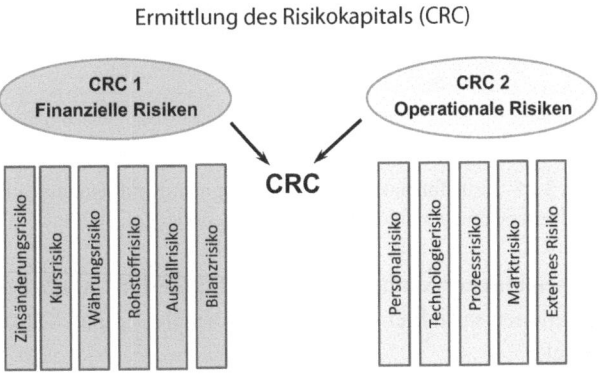

Abb. 3.20 Risikokategorien des CRV. (Quelle: Eigene Darstellung)

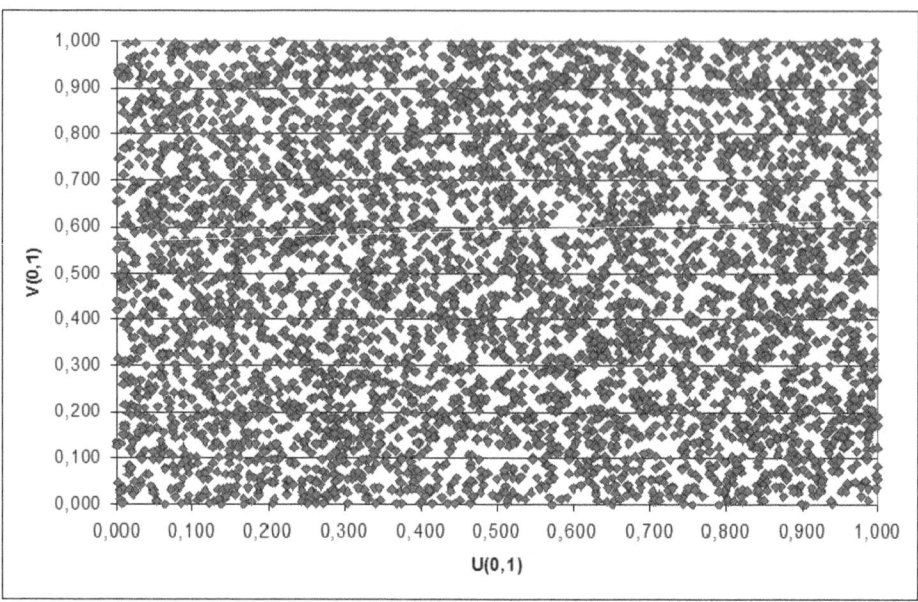

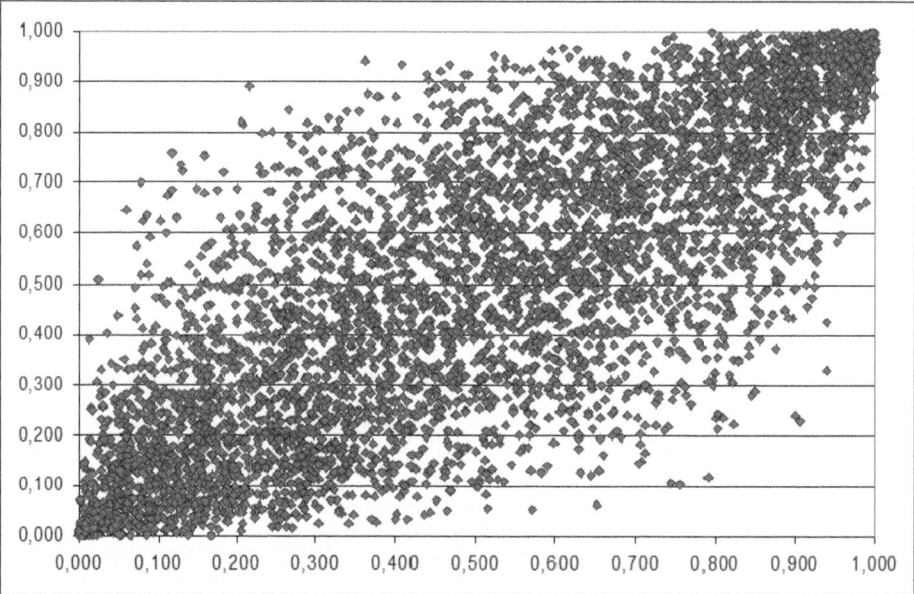

Abb. 3.21 Transformation von unabhängigen Konfidenzniveaus auf korrelierte Konfidenzniveaus durch eine Copula-Funktion. (Quelle: vgl. Beck et al. 2006)

mathematischer Methoden nicht zielführend ist. Als Beispiele unterschiedlicher Copula-Funktionen seien hier erwähnt: die Normal-Copula, die Student-Copula und die Clayton-Copula.

3.2 Risikobewertung

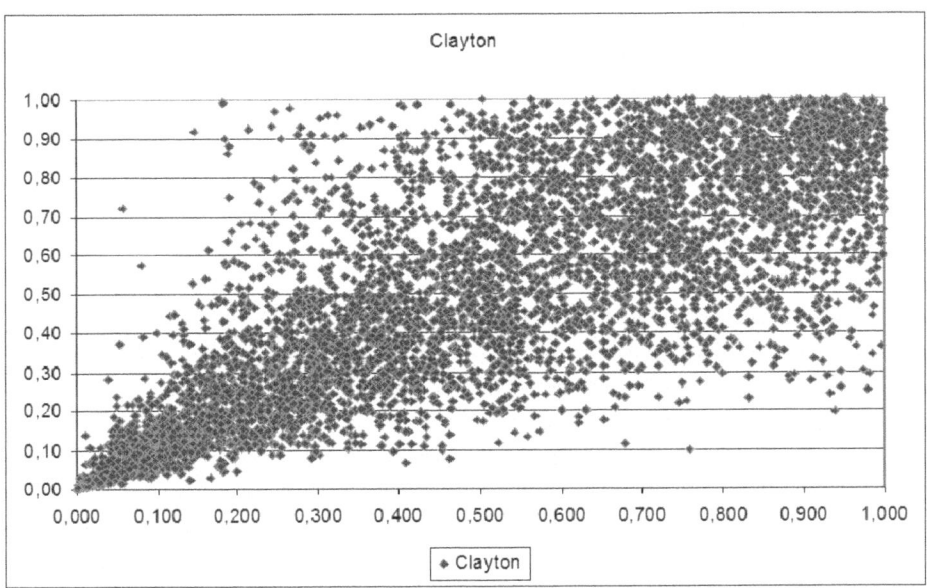

Abb. 3.22 Simulationsergebnis gleichverteilter Zufallszahlen bei Clayton-Copula. (Quelle: Vgl Beck et al. 2006)

Die grundlegende Idee bei der Anwendung von Copula-Funktionen ist die folgende: Zunächst werden mittels der Monte-Carlo Simulation (vgl. Anhang) Zufallszahlen für jede Risikoart ermittelt. Dann werden die daraus gewonnenen Randverteilungen auf gleichverteilte [0,1]-Verteilungen abgebildet. Typischerweise erfolgt dies über die entsprechenden Quantile der Randverteilungen (Quantil-Mapping). Diese werden nun in einem zweiten Schritt von unabhängigen Konfidenzniveaus auf korrelierte abgebildet. Die Abb. 3.21 macht deutlich, dass mit dieser Transformation das gemeinsame (zeitgleiche) Auftreten von sehr negativen (aber auch sehr positiven) Ereignissen als deutlich wahrscheinlicher modelliert wird. Erinnert man sich an die vorherigen Ausführungen zur Portfoliotheorie und zur Faltung, so wird deutlich, dass dies natürlich an den angenommenen Korrelationen bei der Transformation liegt. Die Transformationsvorschrift und die damit einhergehende Abhängigkeitsmodellierung ist die eigentliche Copula-Funktion.

Copula-Funktionen erlauben es, die angesprochenen Abhängigkeiten zwischen den einzelnen Risikoklassen unterschiedlich zu modellieren. Die sogenannte Clayton-Copula beispielsweise ermöglicht eine asymmetrische Modellierung der Abhängigkeiten. Anhand der Abb. 3.22 sieht man, dass negative Ereignisse verstärkt gemeinsam auftreten, während bei positiven Ereignissen für die einzelnen Risikoklassen eine wesentlich kleinere Abhängigkeit besteht.

Damit schaffen Copula-Funktionen zusätzliche Modellierungsansätze, die so (allein über Korrelationen) nicht möglich sind. Als Zusammenfassung kann festgehalten werden, dass Copula-Funktionen im Wesentlichen eine Rechenvorschrift darstellen, um einzelne Randverteilungen zusammenzuführen und eine Gesamtverteilung zu generieren. Der Einsatz von Copula-Funktionen führt dabei vor allem dazu, dass Ausfallwahrscheinlichkeiten nicht aufgrund von Unabhängigkeitsannahmen (explizit oder implizit) unterschätzt werden.

3.3 Risikocontrolling

Die Quantifizierung eines Gesamtrisikos, wie in Kap. 3.2.4 dargestellt, scheitert oft an der schwierigen Zusammenführung von unterschiedlichen Risikoarten. Auch die Gesamtsteuerung ist entsprechend komplex. Zumeist bedient sich der Prozess des Risikocontrollings spezifischer Steuerungsmechanismen für einzelne Risikoarten. Dazu werden Risiken ähnlich der im vorherigen Kapitel dargestellten Risk Map in unterschiedliche Klassen eingeteilt. Diese Einteilung dient der Zuordnung und transparenten Darstellung der zu treffenden Steuerungsmechanismen. Die nachfolgende Abb. 3.23 zeigt eine mögliche Darstellung. Die hier beschriebenen Klassen sind auf drei beschränkt, eine feinere Unterteilung ist selbstverständlich möglich. Hohe Risiken sind, da u. U. existenzgefährdend, in jedem Fall abzudecken oder zu vermeiden.

Bei den mittleren Risiken kommt die gesamte Bandbreite der Steuerungsmechanismen infrage. So können diese Risiken einerseits komplett vermieden werden, andererseits aber auch bewusst eingegangen werden. Auf Unternehmensebene muss sichergestellt werden, dass das Gesamtrisiko getragen werden kann. Kleinere Risiken werden zumeist vom Unternehmen akzeptiert, da sie zum einen nicht existenzgefährdend sind und zum anderen eine Absicherung zumeist auch zu teuer wäre.

Die grobe Einteilung in Risikoklassen führt zu den grundsätzlichen Steuerungsmechanismen innerhalb der Risikoklassen (vgl. Abb. 3.15):

1. Vermeidung der Risiken
2. Reduktion der Risiken
3. Begrenzung der Risiken
4. Absicherung der Risiken
5. Akzeptanz (Tragen) der Risiken.

Die Vermeidung von Risiken bedeutet zumeist auch einen bewussten Verzicht auf Ertragschancen. Sinnvoll ist dies bei hohen Risiken, die nicht selbst getragen werden können. Zumeist fehlt dem Unternehmen die Expertise in bestimmten Geschäftsfeldern. Reduktion von Risiken verringert die Gesamtrisikoposition eines Unternehmens. Ertragschancen sollen wahrgenommen werden, allerdings verfügt das Unternehmen nicht über genügend finanzielle Mittel, um negative Entwicklungen eigenständig tragen zu können. Ähnlich verhält es sich bei der Begrenzung von Risiken. Im Gegensatz zur Reduktion (etwa aufgrund von Diversifikation), bei der man sozusagen aktiv eine Einschränkung vornimmt,

3.3 Risikocontrolling

Risikoklassifizierung

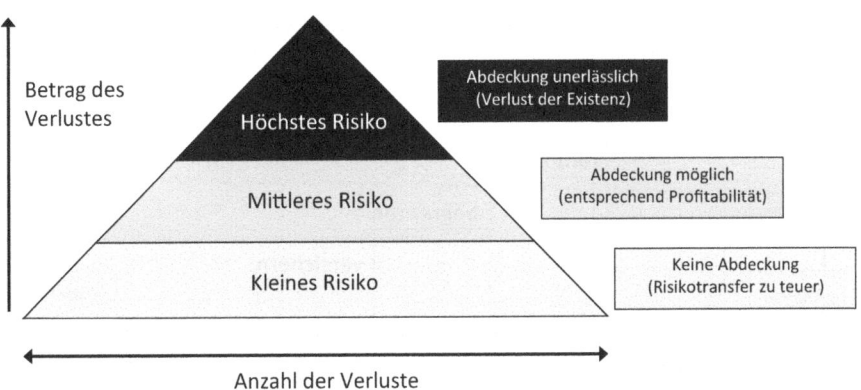

Abb. 3.23 Risikocontrolling mit Risikoklassen. (Quelle: Eigene Darstellung)

möchte man bei der Begrenzung das Überschreiten von Risikoschwellen verhindern. Häufig spielt die Begrenzung von Risiken im finanziellen Bereich eine Rolle, wenn Budgets beschränkt werden. Die Absicherung von Risiken erfolgt zumeist durch Versicherungslösungen. Nicht in jedem Fall muss ein Versicherungsunternehmen diese Absicherungen gewährleisten. Gerade bei finanziellen Risiken stehen auch andere Marktteilnehmer zur Verfügung, so dienen etwa Finanzderivate als Versicherung gegen finanziellen Schaden. Je nach Basiswert können ganz beliebige Absicherungen stattfinden. Beliebt sind diese Absicherungen vor allem im Rohstoffbereich, der häufig großen Preisschwankungen ausgesetzt ist. Bei operationalen Risiken kann die Absicherung durch Sicherheitsdienste (als Schutz vor Diebstahl und Vandalismus) und mehrstufige Kontrollen (im Qualitätsmanagement) gewährleistet werden. Die Akzeptanz bzw. das Eingehen von Risiken ist Kerncharakteristikum eines Unternehmens. Ohne das bewusste Eingehen von Risiken können auch keine Gewinne erzielt werden. Die Betonung liegt auf dem **bewussten** Eingehen dieser Risiken. Im Folgenden wollen wir einige klassische Methoden der Risikosteuerung vorstellen (Abb. 3.24).

3.3.1 Steuerung mithilfe der Risk Map

Die Risk Map bietet sich als Steuerungsinstrument an, weil sowohl quantitative als auch qualitative Risiken in einem Schaubild transparent dargestellt werden. Die in Kap. 3.2.4.1 bereits eingeführte Ampeldarstellung ermöglicht die direkte Ableitung von Steuerungsmaßnahmen. Eine rote Ampel impliziert, dass solche Risiken in jedem Fall im Fokus stehen müssen, eine komplette Vermeidung – z. B. durch Verzicht auf Geschäftsfelder – oder eine konsequente Absicherung bieten sich an. Für gelbe Felder bieten sich hauptsäch-

Risikomanagement Kreislauf

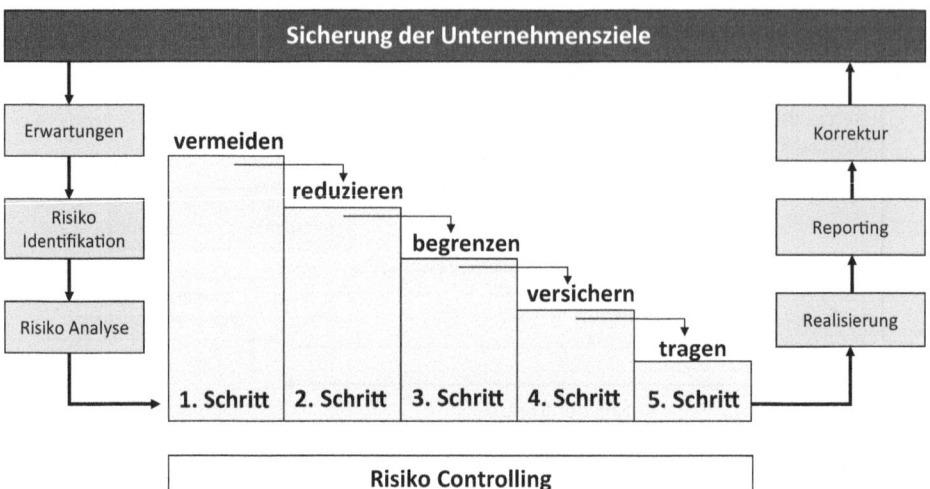

Abb. 3.24 Risikosteuerung mit dem Risikomanagement-Kreislauf. (Quelle: Eigene Darstellung nach Gabler Wirtschaftslexikon)

lich Maßnahmen zur Risikoreduktion und -begrenzung an. Während grüne Ampelzeichen das bewusste Eingehen und Tragen solcher Risiken implizieren kann.

3.3.2 Steuerung mithilfe der Durationslücke

Die in Kap. 3.2 eingeführte Kennzahl der Modified Duration kann für feste Zahlungsströme, wie sie etwa durch festverzinsliche Wertpapiere auf der Aktivseite und Verbindlichkeiten auf der Passivseite erzeugt werden, zur Steuerung von Risiken eingesetzt werden. Basis bildet die sogenannte Durationslücke (Duration-Gap), die als Differenz der Modified Durationen der Aktiv- und Passivzahlungsströme definiert ist:

$$A \cdot MD^A - P \cdot MD^P, \tag{3.40}$$

wobei A den Gesamtbarwert der Aktiva und P den Gesamtbarwert der Passiva bezeichnen.

Eine positive Durationslücke bedeutet, dass Aktivpositionen sensitiver auf Marktzinsänderungen reagieren als Passivpositionen, d. h. Barwertsteigerungen bei Zinsrückgang fallen bei Aktivpositionen stärker aus als bei Passivpositionen, Barwertrückgänge bei Zinsanstieg ebenso. Anhand der Abb. 3.25 erkennt man, dass eine positive Durationslücke somit bei fallenden Zinsen zu einem Reinvermögenszuwachs führt, steigende Zinsen jedoch einen Reinvermögensverlust nach sich ziehen. Eine negative Durationslücke hat die gegenteiligen Effekte. Je größer die Durationslücke, desto stärker sind die entsprechenden Gewinne oder Verluste.

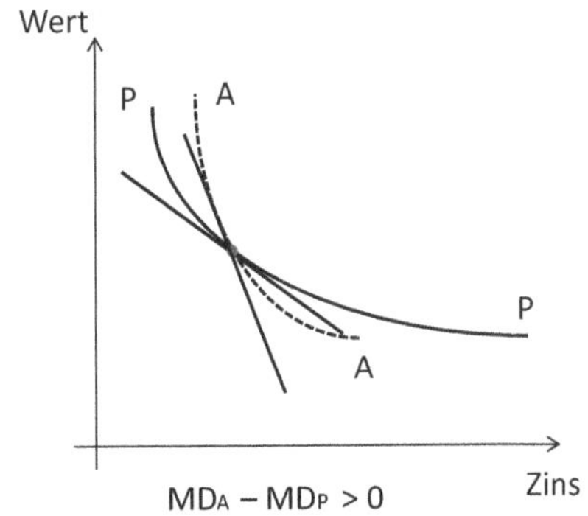

Abb. 3.25 Darstellung einer positiven Durationslücke. (Quelle: Eigene Darstellung)

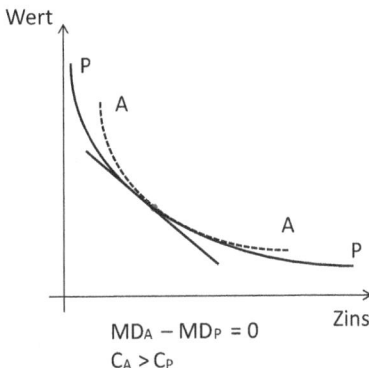

Abb. 3.26 Darstellung einer Immunisierung. (Quelle: Eigene Darstellung)

Entsprechend kann nun eine Steuerung durch das Management erfolgen. Hat das Management beispielsweise die Einschätzung, dass es zu Zinsanstiegen kommen wird, kann bewusst eine hohe negative Durationslücke gebildet werden. Negative Durationslücke bedeutet, dass die Modified Duration der Passiva größer sein muss, als die Modified Duration der Aktiva. Vereinfacht kann dies erreicht werden, indem Aktiva eher kurzfristig angelegt werden und Verbindlichkeiten (zum heutigen niedrigen Zinsniveau) mit langen Laufzeiten gewählt werden. Dies ist auch intuitiv einleuchtend, da Aktiva kurzfristig wieder zur Verfügung stehen sollten, um zum späteren höheren Zinsniveau wiederanlegen zu können. Für die Verbindlichkeiten hingegen möchte man sich das (vermeintlich) niedrige Zinsniveau solange wie möglich sichern.

Ist eine solche klare Zinsprognose nicht möglich, so wird man versuchen, die Durationslücke eher gering zu halten und Laufzeiten aufeinander anzupassen (matchen). Für $A \cdot MD^A - P \cdot MD^P = 0$ spricht man auch von einer **Immunisierung** des Portfolios, da zumindest theoretisch in diesem Fall jede Zinsänderung zu Gewinnen führen muss.[19] Die Abb. 3.26 zeigt diesen Fall, wobei das Aktivportfolio konvexer als das Passivportfolio ist.

---

[19] Voraussetzung ist, dass die Konvexität der Aktiva größer als die Konvexität der Passiva ist.

Die Steuerung im Rahmen von Zinsbindungsbilanzen erfolgt ähnlich wie bei der Durationslücke. Werden im Rahmen der Zinsbindungsbilanzanalyse Aktiv- oder Passivüberhänge entdeckt, so entscheidet das Unternehmen, ob die damit verbundenen Risiken getragen werden sollen oder ob die Überhänge reduziert werden. Meist dienen Simulationsrechnungen zur besseren Einschätzung der damit verbundenen Konsequenzen. Neben den Maßnahmen, die konkret für das Neugeschäft gelten, können natürlich auch bestehende Positionen teilweise verändert werden.

Ist eine Anpassung bzw. Veränderung der Portfolios nicht möglich oder nur eingeschränkt gewünscht, so besteht auch die Möglichkeit zur Absicherung, dem sogenannten Hedging mit Financial Futures und Forwards. Hierzu werden bestehende Portfolios (bzw. offene Positionen) der Aktiv- oder Passivseite mit einem Future oder Forward kombiniert. In diesem Fall wird häufig vom Schließen einer offenen Position gesprochen, wodurch das Zinsrisiko vollständig eliminiert wird. Genau genommen werden aber Verluste aus dem Primärmarkt, also dem Portfolio, durch Gewinne aus dem Sekundärmarkt, d. h. dem Termingeschäft, kompensiert.

Prinzipiell können mit Future-Geschäften **zwei Hedging-Positionen** aufgebaut werden:

1. Unter einem **Long-Hedge** versteht man den Kauf eines Futures. Grundlage ist die Erwartung einer Zinssenkung, sodass der Future später mit Gewinn verkauft werden kann. Denn sinken die Zinsen, so steigt damit der Wert des Futures.
2. Ein **Short-Hedge** ergibt sich hingegen durch Verkauf eines Futures. Hier geht man von steigenden Zinsen aus und erhofft sich spätere Kurssenkungen. Ist dies der Fall, so kann die Short-Position zu günstigeren Konditionen glattgestellt werden.

Dadurch lassen sich sowohl für Aktiv- als auch für Passivüberhänge für entsprechende Zinsprognosen geeignete Strategien bestimmen:

Wir betrachten zunächst den Fall, dass Zinssenkungen erwartet werden. Wie bereits ausgeführt, stellen in diesem Fall Passivüberhänge, weil gegenüberstehende Aktiva weniger Rendite erwirtschaften, oder eine Durationslücke kleiner Null, weil Passiva stärker an Wert zunehmen als Aktiva, ein Risiko dar. Es bietet sich somit ein Long-Hedge an. Durch den Kauf des Futures und dem aus dem erwarteten Kursanstieg realisierten Gewinn – man hat ja höhere Zinsen gesichert – können in diesem Fall Verluste beglichen werden.

Für den entgegengesetzten Fall, dass Zinssteigerungen erwartet werden, sind entsprechend ein Aktivüberhang, weil die Aktiva dann durch teurere Passiva refinanziert werden müssen, und eine Durationslücke größer Null, weil Aktiva stärker an Wert verlieren als die Passiva, eine mögliche Risiko- bzw. Verlustquelle. Ein Short-Hedge stellt in diesem Fall die adäquate Absicherung gegen das Zinsänderungsrisiko dar. Tritt der Zinsanstieg tatsächlich ein, so steigt der Wert der Short-Position und kompensiert die entstehenden Verluste.

Die Abb. 3.27 stellt die beiden hier vorgestellten Absicherungsstrategien in Abhängigkeit von der Zinsentwicklung grafisch dar.

Wie aus der Abb. 3.27 zu ersehen ist, kann so zumindest theoretisch eine komplette Eliminierung der Zinsänderungsrisiken erreicht werden. In praxi muss häufig ein soge-

3.3 Risikocontrolling

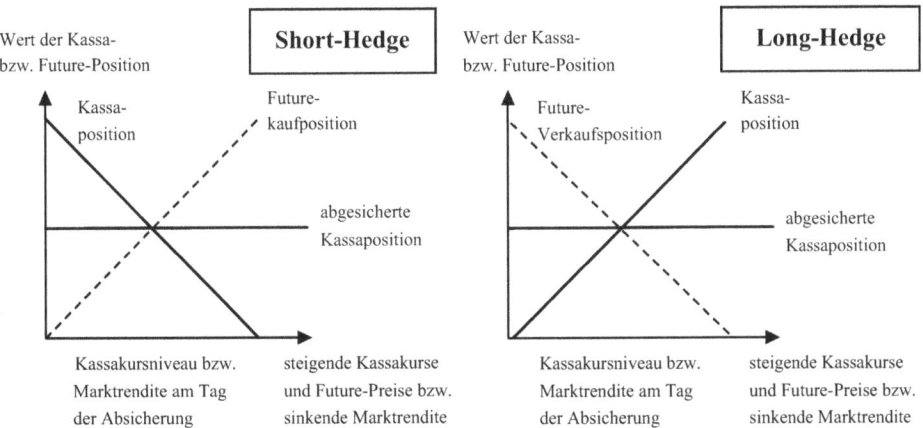

Abb. 3.27 Hedging Positionen. (Quelle: Eigene Darstellung nach Kalinski et al. 1993, S. 43)

nannter „Cross Hedge" durchgeführt werden, weil kein Termingeschäft mit identischen Kontraktinstrumenten erhältlich ist. Die Absicherung des Kassageschäfts erfolgt im Rahmen eines Cross Hedge durch einen Future auf ein anderes Basisobjekt. Selbstverständlich setzt dies eine möglichst hohe positive Korrelation zwischen dem Termingeschäft und den Kassageschäften voraus. Je geringer die Korrelation ist, desto riskanter ist ein solcher Cross Hedge. Ein Zinsänderungsrisiko wird dann nicht komplett eliminiert. Zusätzlich gilt, dass durch den Einsatz von Futures und Forwards als Zinssicherungsinstrumente zwar Risiken begrenzt werden, in gleichem Maße aber auch Ertragschancen eingeschränkt werden.

3.3.3 Constant Proportion Portfolio Insurance (CPPI)

Eine häufige Fragestellung ist die Generierung von sicheren Renditen, im Sinne von Mindestrenditen. Anleger und Investoren wünschen sich zwar einerseits möglichst hohe Renditen, im Falle von negativen Entwicklungen hätten sie aber gerne eine Absicherung nach unten. Geht man im Markt von risikolosen Anlagemöglichkeiten aus, so könnte man beispielsweise folgendermaßen vorgehen:

Man sichert sich die Mindestrendite durch die Anlage in die risikolose Anlage und verwendet das übrige Geld zur Generierung von Überrenditen, indem man entsprechend risikobehaftete Investitionen tätigt.

> **Beispiel**
>
> Ein Industrieunternehmen möchte eine durchschnittliche Mindest-Rendite von 5 % erwirtschaften. In seinem Heimatmarkt ist das Unternehmen sehr gut etabliert und erreicht eine relativ sichere Rendite von 8 %. So könnte das Unternehmen $\frac{1,05}{1,08} = 97{,}22\%$ des Kapitals im sicheren Heimatmarkt investieren und mit den übrigen 2,78 % einen Markteintritt mit einem neuen Produkt oder in einem anderen Land riskieren.

Auch ein Totalverlust in dem risikobehafteten neuen Markt, wäre tragbar und die 5 %-Mindestrendite erreichbar.

Eine Weiterentwicklung dieser einfachen Überlegung ist als Constant Proportion Portfolio Insurance (CPPI) bekannt. Die Idee beruht auf der Existenz von gemischten Anlageportfolios aus risikobehafteten und risikolosen Anlagen.

Grundidee einer CPPI-Strategie ist die Aufteilung des zur Verfügung stehenden Investitionskapitals in ein risikobehaftetes und ein sicheres Portfolio. Die sichere Anlage dient hierbei der Sicherung einer Mindestrendite, die risikobehaftete Anlage hingegen der Performancesteigerung. Die CPPI-Strategie geht auf Perold[20] sowie Black und Jones[21] zurück. Die wesentlichen Parameter einer CPPI-Strategie werden folgendermaßen definiert:

Floor: Niedrigster (zugelassener) Wert für das Portfolio,
Cushion (C): Portfolio-Wert minus Floor,
Exposure (E): Betrag, der risikobehaftet angelegt wird,
Multiple (m): Multiplikator, mit der Cushion multipliziert wird.

Der Investor legt einen Portfolio-Mindestwert (Floor) fest, der während des Planungszeitraums nicht unterschritten werden darf, aber gemäß der vorausgesetzten Mindestverzinsung ansteigt. Am Periodenende garantiert er die Tilgung der Verbindlichkeiten.

Aus der Differenz zwischen dem jeweils aktuellen Portfoliowert und dem Portfolio-Mindestwert berechnet man eine Art Sicherheitspolster, den sogenannten Cushion. Da nur ein Totalverlust der risikobehafteten Investition den Cushion aufbrauchen würde, erhöht man die tatsächliche risikobehaftete Anlage. Üblicherweise wählt man hierzu einen über die gesamte Laufzeit konstanten Multiplikator (m). Aus der Multiplikation von Cushion und Multiplikator ergibt sich die Exposure, also der tatsächlich risikobehaftet investierte Betrag. Im Grunde kann natürlich die Exposure zunächst beliebig gewählt werden, und man berechnet aus dem Quotienten von Exposure (E) und Cushion (C) den sich so ergebenden Multiplikator (m).[22]

Der riskant anzulegende Betrag wird nun zu jedem Umschichtungstermin aus dem Produkt zwischen dem Multiplikator und dem Cushion bestimmt. Der verbleibende Betrag wird risikolos angelegt.

Es gilt also:

$$\text{Riskanter Anlagebetrag} = \text{Multiplikator} \times (\text{Portfoliowert} - \text{Mindestwert}) \quad (3.41)$$

$$E = m \cdot C \quad (3.42)$$

und

$$\text{Risikoloser Anlagebetrag} = (\text{Portfoliowert} - \text{Riskanter Anlagebetrag}). \quad (3.43)$$

---

[20] Vgl. Perold 1986.
[21] Vgl. Black und Jones 1987, S. 48 ff.
[22] Sinnvollerweise wählt man m > 1, d. h. die Exposure größer als den Cushion.

3.3 Risikocontrolling

Tab. 3.6 Entwicklung eines Portfolios bei einer CPPI Strategie. (Quelle: Eigene Darstellung)

Rendite risikobehaftet	Portfoliowert Beginn	Cushion	Exposure	Risikolose Anlage	Exposure Ende	Risikolose Ende	Portfoliowert Ende
12 %	50.000,00	1.105,20	3.315,60	46.684,40	3.713,47	48.551,78	52.265,25
−8 %	52.265,25	1.414,66	4.243,97	48.021,28	3.904,45	49.942,13	53.846,58
4 %	53.846,58	961,97	2.885,90	50.960,68	3.001,33	52.999,11	56.000,44

Beispiel

Folgendes Beispiel illustriert die Vorgehensweise einer CPPI-Strategie:

Ein Anleger verfügt über 50.000 €. Nach 3 Jahren möchte er über einen Mindestbetrag von 55.000 € verfügen. Für eine risikolose Anlage erhält er 4 % Zinsen p.a.. Somit berechnet er zunächst für das Jahr t = 0 den Floor. Dieser ergibt sich durch Diskontieren der Zielmarke von 55.000 € über 3 Jahre, also $\frac{55.000}{1,04^3}$. Dieser Betrag wird wiederum vom heutigen Portfoliowert von 50.000 € abgezogen, sodass sich der Cushion von 1.105,20 € ergibt. Der Cushion wiederum wird mit dem Multiplikator (m) multipliziert, der in diesem Fall 3 betragen soll. Dies ergibt die Exposure, also den risikobehafteten Anlageteil. Das übrige Kapital wird sodann risikolos angelegt. Der risikobehaftete Anlageteil verzinst sich dann im Beispiel im ersten Jahr mit 12 %, im zweiten mit −8 % und schließlich im dritten Jahr mit 4 %, der risikolose Anteil konstant mit 4 %. Die untere Tabelle erläutert den Verlauf der Anlage über die gesamten 3 Jahre. Der Portfolioendwert nach drei Jahren ergibt sich zu 56.000,44 €, und die Mindestrendite wird demnach erreicht (Tab. 3.6).

In obigem Beispiel wird auch deutlich, dass eine CPPI-Strategie ein ständiges Überprüfen der Performances und Umschichten der Investitionen erfordert. Die Höhe des Multiplikators ist dabei ein Gradmesser für die Risikobereitschaft des Investors. Je größer er gewählt wird, desto größer das Gewinn-, aber auch das Verlustpotenzial. Ein Nichterreichen der Mindestrendite ist dennoch eher unwahrscheinlich, nur extrem hohe kurzfristige Verluste der riskanten Investition bei gleichzeitig hohem Multiplikator und zu spätem Umschichten hätten dies zur Folge. Zu häufige Umschichtungen können allerdings hohe Transaktions- und Nebenkosten zur Folge haben, weshalb teilweise eine Toleranz definiert wird, bis zu der auf Anpassungen verzichtet wird.

Der wesentliche Vorteil einer CPPI-Strategie ist, dass die CPPI-Strategie keinen festen Planungsendzeitpunkt besitzt. Dadurch wird die CPPI-Strategie zu einer wichtigen Technik im Portfolio-Management von langfristen Kapitalanlegern, wie Pensionsfonds und Versicherungen, die eine Mindestrendite erzielen müssen.

Abb. 3.28 Profit am Ablaufzeitpunkt der Option bei einem Protective Put und Vollabsicherung. (Quelle: Eigene Darstellung)

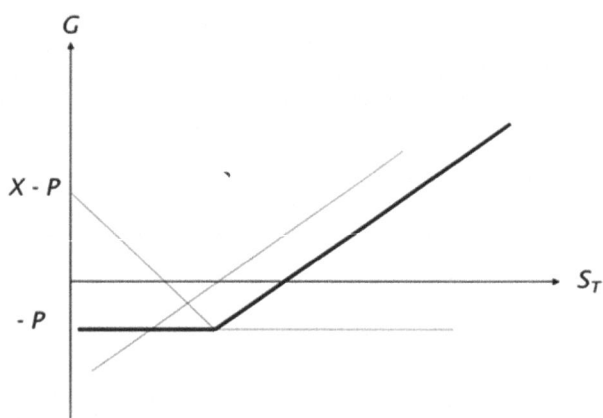

3.3.4 Einsatz derivativer Instrumente

Zu den klassischen Derivaten gehören Optionen. Wenngleich Optionen grundsätzlich auch einen spekulativen Charakter aufgrund ihrer Hebelwirkung haben können, ist ihre Einsatzmöglichkeit als Absicherungsinstrument im Rahmen des Risikomanagements unbestritten. Hierzu stehen vor allem Put-Optionen im Vordergrund, die gemeinsam mit dem abzusichernden Basiswert (häufig Aktien oder Währungen) zu betrachten sind. Üblicherweise spricht man hier von einem Protective Put oder einem Put Hedge (engl. Absicherung) des Basiswerts. Ob diese Art von Versicherung sinnvoll ist, muss im Einzelfall geprüft werden, da gerade bei langen „Versicherungszeiten" Optionen z. T. recht kostspielig sein können.

Bei einem Protective Put kombiniert man den Kauf des Basiswertes mit dem Erwerb eines Puts auf diesen Basiswert. Verliert der Basiswert an Wert, steigt zugleich der Wert des Puts. Man schützt sich mit einem Put somit vor fallenden Preisen des Basiswertes. Die hohe Marktfähigkeit von Standardoptionen (plain vanilla options) erlaubt auch hier unterschiedliche Absicherungsgrade. Anders als bei einer klassischen Versicherung, beispielsweise auf ein Auto, können also auch nur Teilabsicherungen vorgenommen werden.

Wie der Abb. 3.28 zu entnehmen ist, ist der maximale Verlust beschränkt, unabhängig vom Preis des Basiswertes am Ablaufzeitpunkt S_T. Die fette Linie zeigt hier den Gesamtwert G aus Basiswert und Option. Der maximale Verlust beträgt $-P$. Bei steigendem Basiswert S_T steigt der Gesamtwert entsprechend an.

Bei einem relativ geringen Kapitaleinsatz ermöglichen Optionen sehr hohe Renditen, die Verluste der zugrundeliegenden Basiswerte kompensieren können. Wie bereits erwähnt, ist aber das **Risiko**, das ein Käufer, der ausschließlich Optionen erwirbt, sehr hoch. Aufgrund der begrenzten Laufzeit von Derivaten kann es sogar zu einem Totalverlust des investierten Kapitals kommen.

3.4 Risikoüberwachung

Die Risikoüberwachung in einem Unternehmen muss in eine externe und eine interne Sichtweise unterteilt werden. Ähnlich zum Rechnungswesen, das ebenfalls in intern und extern unterschieden wird, gibt es bei Risiken unterschiedliche Interessen verschiedenster Akteure im Markt, die erfüllt werden müssen. Der Staat ist an einem Überleben, insbesondere von systemrelevanten Unternehmen, interessiert, während Shareholder und Stakeholder (Mitarbeiter, Gewerkschaften, u. a.) sich eine möglichst gute Entwicklung des Unternehmens wünschen. Unterschiedliche Interessensgruppen erfordern zudem unterschiedliche spezielle Berichte.

3.4.1 Risikoberichte

Die Unterscheidung in interne und externe Berichte ist auch eine Frage der Branche des Unternehmens und der eingegangenen Verpflichtungen. Während Finanzdienstleister in der Zwischenzeit sehr stark reguliert werden, haben Industrie- und Dienstleistungsunternehmen nur eingeschränkte Vorgaben bezüglich einer Risikoberichterstattung.

3.4.1.1 Externe Risikoberichte

Das externe Risikoreporting ist mit der Einführung des Gesetzes zur Kontrolle und Transparenz im Unternehmensbereich (KonTraG) für alle Unternehmen nun verbindlich. Kapitalmarktorientierte Gesellschaften haben diesbezüglich die wesentlichen Merkmale des Kontroll- und des Risikomanagementsystems im Hinblick auf das Rechnungswesen zu beschreiben (§ 289 V HGB). Da Gesetze aber Möglichkeiten zur Interpretation bieten, haben sich verschiedene Standards entwickelt. Hierzu zählen die Standards des Instituts der Deutschen Wirtschaftsprüfer (IDW PS 340 und PS 720) und der Deutsche Rechnungslegungs-Standard Nr. 5 (DRS 5). Der DRS 5 regelt in mehreren Grundsätzen die Risikoberichterstattung von Gesellschaften im Lagebericht.[23]

Berichtet werden muss über Risiken, die negativen Einfluss auf die Entwicklung des Unternehmens haben können. Die in Abb. 3.29 aufgeführten Risikokategorien werden im Deutschen Rechnungslegungs-Standard empfohlen. Grundsätzlich soll hier auf Einzelrisiken, Gesamtrisiken und das Risikomanagementsystem des Unternehmens näher eingegangen werden. Diese sollten dann noch weiter spezifiziert werden.

Finanzdienstleistungsunternehmen wie Banken und Versicherungen haben diesbezüglich noch weitere Anforderungen. Bei Banken schreibt die MaRisk eine konkrete Überwachung der Risikopositionen der Bank vor.[24] Mit den Mindestanforderungen an das Risikomanagement (MaRisk) werden die Anforderungen an eine angemessene Geschäftsorganisation hinsichtlich des Risikomanagements konkretisiert. Zwar haben die MaRisk

---

[23] Vgl. Weber 2009.
[24] Vgl. Rundschreiben 10/2012 (BA) vom 14.12.2012.

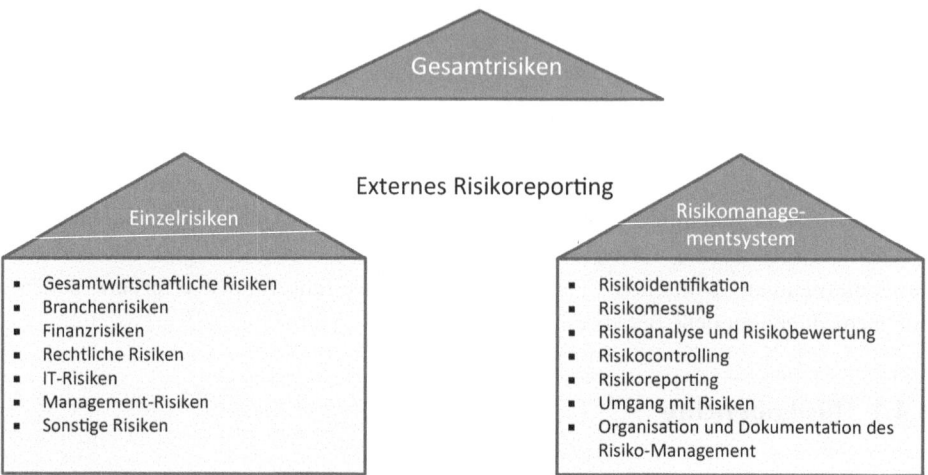

Abb. 3.29 Kategorien für externes Risikoreporting. (Quelle: Eigene Darstellung)

keine unmittelbare Verbindlichkeit für die Gestaltung der externen Risikoberichte, doch können aufgrund thematischer Überschneidungen mit den Offenlegungsanforderungen die aufgrund der Umsetzung der MaRisk vorliegenden Informationen aus der internen Risikosteuerung auch für die externe Risikoberichterstattung nutzbar gemacht werden. Dabei handelt es sich im Wesentlichen um Informationen zum Risikomanagementsystem des Unternehmens.[25]

Prinzipiell gliedert sich die MaRisk in einen allgemeinen Teil (AT) und einen besonderen Teil (BT). Der allgemeine Teil richtet sich an die Unternehmensorganisation. Diese muss bezüglich des Risikomanagements besonders aufgestellt sein. Anforderungen an das Risikomanagement sind hierbei z. B. die Risikotragfähigkeit, Risikostrategien sowie das interne Kontrollsystem zur Überwachung der Risiken. Auch auf das Personal und die technisch-organisatorische Ausstattung muss näher eingegangen werden.

In den besonderen Anforderungen an das interne Kontrollsystem (BT1) werden konkrete Anforderungen an die Aufbau- und Ablauforganisation sowie an den Risikosteuerungsprozess der Bank gestellt. Zur Aufbau- und Ablauforganisation gehören das Kreditgeschäft (BTO1) und das Handelsgeschäft (BTO2), das nochmals gesondert betrachtet werden muss. Der Risikosteuerungsprozess setzt sich dann näher mit den Risikoarten der Bank auseinander. Auch für die wichtigsten Risikoarten der Bank gibt es weitere konkrete Vorschriften. Adressenausfallrisiken (BTR1), Marktpreisrisiken (BTR2), Liquiditätsrisiken (BTR3) und operationelle Risiken (BTR4) müssen explizit näher aufgeführt werden.

---

[25] Vgl. Weber 2009.

3.4 Risikoüberwachung

Abb. 3.30 Beispiel für MaRisk Umsetzung. (Quelle: Eigene Darstellung nach Bankinformationen)

Abb. 3.31 Gliederung der Berichtsstrukturen. (Quelle: Eigene Darstellung nach Ziegenbein)

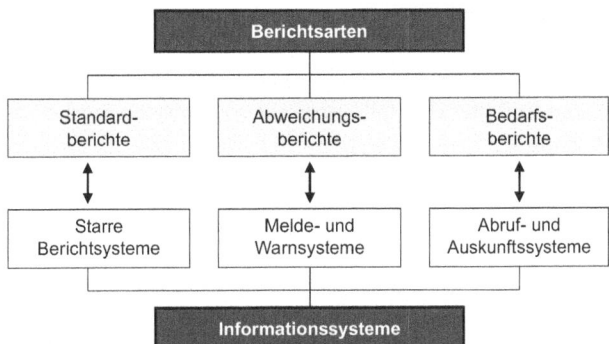

Der letzte Punkt der MaRisk gilt den besonderen Anforderungen an die Ausgestaltung der Internen Revision (BT2). Diese überwacht die Einhaltung der gesamten Vorschriften und sollte über einen risikoorientierten Prüfungsansatz grundsätzlich alle Aktivitäten und Prozesse des Kreditinstituts kritisch hinterfragen. Ein Beispiel für die Umsetzung der Risikoberichterstattung über die MaRisk gibt die Abb. 3.30.

3.4.1.2 Interne Risikoberichte

Eine erfolgreiche interne Risikoberichterstattung setzt voraus, dass das Risikomanagement im Managementprozess integriert ist. Das Risikomanagement muss dabei ein Teil des Unternehmensführungsprozesses sein und steht in Interaktion zu allen anderen Prozessen im Unternehmen.

Man spricht von internem Berichtswesen, wenn die Berichte ausschließlich für die Führungskräfte des Unternehmens gedacht sind. Die Art der Unternehmensorganisation beeinflusst dabei die Gestaltung des internen Risikoberichtswesens. Ein wichtiger Punkt ist dabei die Qualität der Berichterstattung. Diese richtet sich im Wesentlichen nach den Reaktionen der Betroffenen innerhalb der Unternehmen (Abb. 3.31).

Generell kann im Aufbau eines Risikoberichts auf die klassische Berichterstattung innerhalb eines Unternehmens zurückgegriffen werden. Risikoberichte unterscheiden sich hier nur inhaltlich nicht aber strukturell von anderen Berichten beispielsweise im Controlling.

Unterschieden werden die internen Berichte in Standardberichte, Abweichungsberichte und Bedarfsberichte.

- **Standardberichte**
Standardberichte sind routinemäßige Berichte, die nach einem festgelegten Schema dem gleichen Empfängerkreis zugestellt werden. Sie erfolgen meist monatlich. Das Management wird dabei offiziell und ungefiltert mit den aktuellen Informationen versorgt. Kommentierungen können diese Informationsflut ein wenig strukturieren. Als Beispiel kann hierfür im Risikomanagement ein Derivatebericht genannt werden. Hat ein Unternehmen offene Derivatepositionen, müssen diese regelmäßig (hier aber dann meist täglich) auch vom Management überprüft werden.
- **Abweichungsberichte**
Bei Abweichungsberichten wird das Management dann mit Informationen versorgt, wenn das aktuelle Geschehen von vorher festgelegten Vorgaben abweicht (Toleranzen sind hier ebenfalls anzusetzen). Abweichungsberichte können durch Ampelfarben kenntlich gemacht werden. Bei grün ist alles in Ordnung, bei gelb sind die genannten Schwellenwerte erreicht, bei rot besteht vonseiten des Managements eine Handlungserfordernis. Als Beispiel seien kritische Wertveränderungen von strategisch wichtigen Rohstoffen genannt.
- **Bedarfsberichte**
Bedarfsberichte sind Sonderberichte, die fallweise oder auf Anfrage erstellt werden. Ist eine Risikosituation gerade im besonderen Fokus des Managements, werden hierfür individuelle Berichte vom Risikomanager angefordert. Die Bedarfsberichte werden dabei meist auf einem fortgeschriebenen Stand aufgesetzt.

Das Berichtswesen geht Hand in Hand mit einer entsprechenden Risikomanagement-Software (Informationssystem vgl. Kap. 2.3.2). Aus dieser Software sollen und können dann die Berichte regelmäßig oder bedarfsgerecht individuell abgeleitet werden.

Der Umfang und der Informationsbedarf ist ein weiteres Thema des internen (Risiko-) Berichtswesens. Dabei sollten einige wichtige Grundsätze beachtet werden. Die Informationen sollten vom Risikomanager adressatengerecht aufgearbeitet werden. Zu unterscheiden sind hierbei Zahlen, Tabellen, Grafiken und Fakten. Bei manchen Informationen kommt man an reinen Zahlenkolonnen nicht vorbei, besser ist aber meist, die Zahlen in Grafiken oder Tabellen zu verarbeiten und als separate Informationen den Lesern beizulegen. Bei Bedarf können diese dann herangezogen werden. Der Informationsgehalt sollte dementsprechend ausgewogen sein (nicht zu viel, aber auch nicht zu wenig Information).

Informationen könnten zudem nach dem Informationswert geordnet werden. Subjektiv wichtige Informationen sollten dabei zuerst, eher nachrangige Informationen später oder gar nicht genannt werden.

3.4.2 Stresstests

Stresstests wurden bei Finanzinstituten (bei Banken und Versicherungen) eingerichtet, um Probleme des Risikomanagements mit dramatischen Veränderungen der Finanzmärkte zu behandeln. Insbesondere die Finanzkrise ab 2007 hatte sehr starke Auswirkungen auf den Bankensektor und danach auf die Volkswirtschaften der Industrienationen. In 2010 unterzog die EU daher einzelne europäische Banken einem Stresstest. Von den 91 getesteten europäischen Banken hatten dabei sieben Banken den Test nicht bestanden.[26] Versicherungen in Deutschland führen schon seit 2002 einen Stresstest durch.[27] Dieser wird seither von allen Versicherungen umgesetzt. Nicht alle Versicherungen bestehen beide von der Aufsicht verlangten Stresstest-Varianten. Erfolgreiche Versicherungen nutzen diesen Stresstest bereits als Marketing-Maßnahme für ihr Unternehmen. [28]

Was machen nun Stresstests konkret? Sie prüfen, ob ein (Finanzdienstleistungs-) Unternehmen die nächste Periode (meist ein Jahr) bei extrem angenommenen Umweltszenarien überlebt. Stresstests steuern nicht, sondern sind i. d. R. eindimensional bezogen auf das Ergebnis ja/nein ausgerichtet. Dies hat natürlich starke Nachteile bezüglich der Transparenz, aber auch gewisse Vorteile bezüglich der Vereinfachung.

Stresstests sollten auch in Verbindung mit dem Asset-Liability-Management gesehen werden (vgl. Kap. 2.3.3). Das Asset-Liability-Management als Basis für die Steuerung des Unternehmens ist dabei langfristig orientiert,[29] während Stresstests kurzfristig ausgelegt sind. Stresstests gehen auf Extremwerte (extrem schlechte Ergebnisse) ein. Dies wird im ALM nicht explizit verfolgt. Damit ergänzen sich Asset-Liability-Management und Stresstests sehr gut.

In der Vergangenheit wurden für Stresstests drei Ansätze entwickelt, die versuchen, die Fragestellung nach Extremwertabdeckung zu lösen. Ein einfacher Ansatz ist, Analysen mit genauen historischen Crash-Szenarien durchzuführen. Der Aktien-Crash von 1987, die Mexiko-Krise von 1994 (Rentencrash) sowie die Lehmann-Pleite im Jahr 2009 sind gute Beispiele der nahen Vergangenheit, die hierfür eingesetzt werden können. Wird ein historischer Stresstest z. B. zum Szenario 1987 durchgeführt, so werden die Kapitalmarktdaten dieses Szenarios (Aktien: − 30,2 % p.a., Zinsen: + 0 % p.a.)[30] verwendet. Über den Stresstest wird nun dargelegt, welche Auswirkungen dieses Szenario auf das Unternehmen hätte. Untersuchungen in diesem Zusammenhang ergaben, dass Modelle mit Normal-

---

[26] Vgl. http://www.zeit.de/wirtschaft/2010-07/stresstest-banken-reaktionen. Zugegriffen: 6. März 2013.
[27] Vgl. BAFin Rundschreiben R 30/2002.
[28] Vgl. z. B. Geschäftsbericht der Debeka 2010.
[29] Vgl. Wengert 2000.
[30] Quelle: Datastream: Ein Zinsanstieg/-stillstand von 0 % ergab 1987 eine Gesamtperformance von Staatsanleihen mit AAA aufgrund der zu diesem Zeitpunkt noch hohen Kupons von 6,8 %.

Tab. 3.7 Parameter für Stresstest BAFin. (Quelle: Eigene Darstellung nach R1/2004)

Parameter Stress-Test 2012	Nur Renten	Nur Aktien	Renten Aktien	Aktien Immobilien
Marktveränderugsrisiko				
Aktien		Nach Index	Nach Index	Nach Index
Renten/Immobilien	−10 %		−5 %	−10 %
Bonitätsrisiko (Festverzinsliche)				
Investment-Grade (AAA-BBB)	0 %	0 %	0 %	0 %
Rating BB-B	10 %	−10 %	−10 %	−10 %
Rating CCC-D	−30 %	−30 %	−30 %	−30 %
No Rating	−10 %	−10 %	−10 %	−10 %

verteilungsannahme diese extrem schlechten Szenarien nicht genügend berücksichtigen können. Ihre Wahrscheinlichkeit einzutreten, ist weit größer (Extremwertstatistiken).[31]

Eine weitere Möglichkeit, Stresstests durchzuführen, sind sogenannte strukturierte Szenarioanalysen. Hierbei werden realistische Vorgaben („was wäre wenn") mit der Projektion der Passivseite (Verpflichtungen) überprüft. Beispielsweise wird eine Aktienkursentwicklung von − 20 % und eine Erhöhung der Rentenzinsen von 1 % innerhalb der Zinsstrukturkurve (Verschiebung der Zinsstrukturkurve um 1 % nach oben) untersucht. Der Vorteil dieser Tests gegenüber den historischen Tests liegt in der Flexibilität ihrer Annahmen, die sich den Veränderungen der Struktur der Märkte anpassen können.

Diese strukturierten Szenarioanalysen haben sich auch die EU und die BAFin zueigen gemacht. Die EU ging beim Stresstest für die Banken von einem Szenario aus, dass das durchschnittliche Wirtschaftswachstum in Europa um drei Prozentpunkte geringer ausfällt als bis dato vorhergesagt. Zudem wurde ein spezielles Crashszenario bei Staatsanleihen unterstellt. Bei den Versicherungen gibt das BAFin auch eine ganz konkrete Situation vor.[32] Unterstellt wird hierbei folgendes Szenario (Tab. 3.7):

Eine Veränderung nach Index bedeutet, dass der aktuelle Stand des Indexes (bezogen wird dieser auf den EuroStoxx 50, Kursindex) entscheidet über die Crashstärke. Liegt der Index hoch (5.246 und höher bewirkt − 45 %), so wird eine stärkere Crashsituation unterstellt als wenn sich der Index auf einem niedrigen Stand (1825 und niedriger bewirkt − 10 %) bewegt. Unterstellt wird hierbei, dass ein Index, der schon stark gefallen ist, nicht mehr in diesem starken Ausmaß weiterfällt. Dies kann sich natürlich als Trugschluss herausstellen. Zudem werden einzelne festverzinsliche Wertpapiere je nach Rating (vgl. Kap. 4.1) ebenfalls gestresst.

---

[31] Vgl. Danielsson und de Fries 1997.
[32] BAFin Stresstest modifiziert in R1/2004.

3.4 Risikoüberwachung

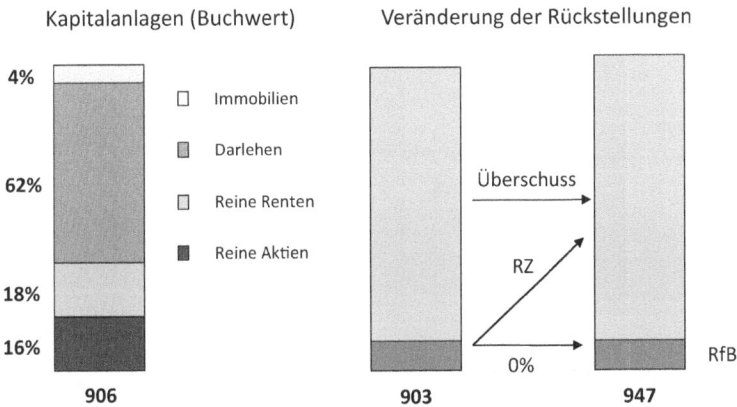

Abb. 3.32 Stresstest bei einem Versicherungsunternehmen. (Quelle: Eigene Darstellung)

Beispiel

Im Beispiel (vgl. Abb. 3.32) wird ein (Lebens-) Versicherungsunternehmen einem strukturierten Crashtest unterzogen. Das Unternehmen hat konkrete Aktivpositionen (Kapitalanlagen von 906) und Passivpositionen (Verpflichtungen von 903). Auf sonstige Positionen (z. B. Rechnungsabgrenzungsposten) wird nicht eingegangen. Die Verpflichtungen verändern sich im Laufe des Geschäftsjahres aufgrund der in den Produkten steckenden Verzinsung auf 947.

Die Aktivpositionen (Kapitalanlagen) des Unternehmens werden nun dem Stressszenario unterzogen. Aufgrund angenommener Bewertungsreserven von 12 % haben die Aktiva einen konkreten höheren Marktwert von 1.015. Ausgangsbasis des Stressszenarios sind nicht die Buchwerte, sondern die Marktwerte. Diese Marktwerte reduzieren sich auf 991 (bei einem Szenario von − 35 % Aktien und − 10 % bei Renten). Mit diesem Betrag kann die Verpflichtung von 947 abgedeckt werden. Damit ist der Stresstest für dieses Unternehmen bestanden (vgl. Abb. 3.33).

Als dritte Art von Stresstests gelten die unternehmensspezifischen Szenarioanalysen. Hier werden spezielle Szenarien gebildet, die das Unternehmen direkt betreffen. Da sich die Unternehmen in ihrer Risikopositionierung unterscheiden, werden nur solche Szenarien gewählt, die dem Unternehmen „wehtun". Für die Kapitalanlagen könnte im Beispielunternehmen (vgl. Abb. 3.32) angenommen werden, dass Darlehenspositionen (62 % Anteil an der Kapitalanlage) in großer Zahl aufgekündigt werden, die dann zu deutlich niedrigeren Kapitalanlagezinssätzen investiert werden müssten.

Kapitalanlagen werden „gestresst" und mit Verpflichtungen verglichen.

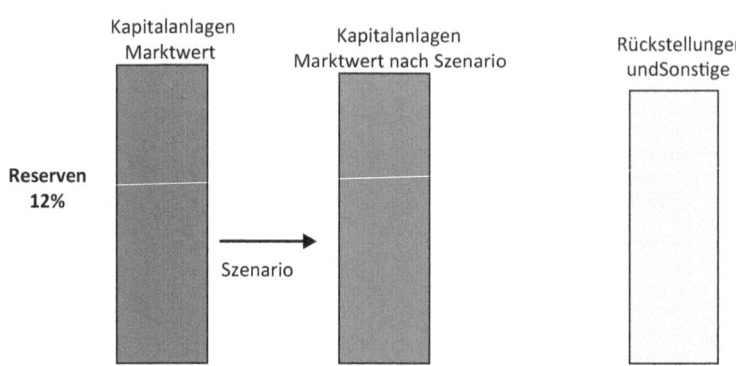

Abb. 3.33 Ergebnis des Stresstests bei einem Versicherungsunternehmen. (Quelle: Eigene Darstellung)

Prinzipiell ist der Hauptzweck der Stresstests, aufzuzeigen, was künftig passieren könnte. Meistens wird dazu der Zeitraum von einem Jahr gewählt, in dem der Stresstest durchgeführt wird. Historisch betrachtet ist auf ein schlechtes Jahr am deutschen Aktienmarkt immer ein besseres gefolgt. Ob ein Unternehmen mit einer relativ hohen Aktienquote (das Beispielunternehmen hat 16 %, bis zu 35 % wären möglich) zwei Crash Szenarien hintereinander überstehen könnte, ist aber eher als fraglich zu erachten, da die Bewertungsreserven nach dem ersten Crash meist aufgezehrt sind. Das Unternehmen müsste dann bei niedrigen Kursen die Aktienquote reduzieren, was die Ertragskraft für die nächsten Jahre deutlich schwächen würde. Entscheidend bei Versicherungen (und auch teilweise bei Banken) ist daher, möglichst hohe Bewertungsreserven auszuweisen, um solche negativen Entwicklungen auffangen zu können.

Mit der 2008 erfolgten Novellierung des Versicherungsaufsichtsgesetzes muss der Versicherungskunde allerdings an solchen Bewertungsreserven beteiligt werden.[33] Der Gesetzgeber verhält sich somit in gewissem Maße risikosteigernd, da höhere Bewertungsreserven das Unternehmen schützen.

---

[33] Vgl. hierzu die zum 1.1.2008 in Kraft getretene Novellierung des Versicherungsaufsichtsgesetzes (VAG).

Solvabilität und Risikomanagement 4

Die Zahlungsfähigkeit von Finanzdienstleistern, also vor allem Banken, Versicherungen und Pensionsfonds, wird als besonders wichtig für eine Volkswirtschaft angesehen. Dies liegt an ihrer Funktion als Finanzintermediäre, die zwar einerseits als Schuldner auftreten, andererseits das eingesammelte Geld aber wieder dem Wirtschaftskreislauf in Form von Investitionen und Krediten zur Verfügung stellen. Daher wird die Finanzdienstleistungsbranche sehr speziell beaufsichtigt. Die zentralen Fragen der Aufsicht lauten in diesem Zusammenhang:

- Welche Eigenmittelausstattung (Solvenzanforderungen) ist ausreichend, um den Fall einer Zahlungsunfähigkeit möglichst zu verhindern?
- Welche Maßnahmen sind zu ergreifen, damit Unternehmen der Finanzdienstleistungsbranche nur Risiken eingehen, die sie beurteilen und beherrschen können?
- Wie garantiert man trotzdem, dass private Finanzdienstleistungsunternehmen eine attraktive Eigenkapitalrendite erzielen um wirtschaftlich arbeiten zu können?

Im Folgenden werden sowohl Basel II und III für den Bankenbereich als auch Solvency II für den Versicherungsbereich betrachtet. Sie sind zugleich Spiegelbild der kontinuierlichen Weiterentwicklung moderner Risikomanagementsysteme.

4.1 Eigenkapitalvorschriften bei Banken bedingt durch Basel II und Basel III

Welche Auswirkungen haben die für die Banken obligatorischen Eigenkapitalvorschriften nach Basel II und Basel III auf andere Unternehmen? Alle anderen Unternehmen könnten sich zurücklehnen und erklären, dass sie hiermit nichts zu tun haben. Dies geht aber völlig

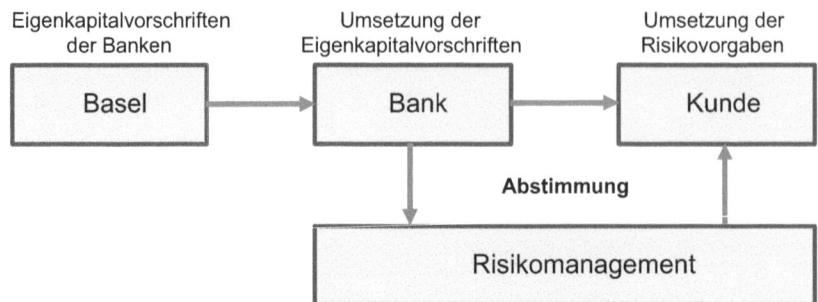

Abb. 4.1 Auswirkung von Basel II und III auf Unternehmen. (Quelle: Eigene Darstellung)

an der Realität vorbei. Die Vorschriften haben zwar keinen direkten aber einen sehr starken indirekten Bezug zu anderen Unternehmen. Die Eigenkapitalvorschriften beziehen sich auf das Markt-, Kredit-, Liquiditäts- und operationelle Risiko eines Kreditinstituts. Diese Risiken stehen in engem Zusammenhang mit den Risiken der Kunden des Kreditinstituts und werden daher auf diese übertragen. Sollte eine Bank mit einem Kunden zusammenarbeiten, muss sie das Risiko einer solchen Zusammenarbeit bewerten. Kann der Kunde des Kreditinstituts aufzeigen, dass durch die Zusammenarbeit kein oder nur ein sehr geringes Risiko droht, wird der Kunde sich für bessere Konditionen qualifizieren. Natürlich wirkt sich dies auch im umgekehrten Fall aus. Kann das Unternehmen nicht aufzeigen, dass es nur ein geringes Risiko darstellt, so bewertet die Bank das Risiko künftig deutlich höher und für das Unternehmen drohen schlechtere Konditionen oder ein komplettes Versagen eines Kredites (Abb. 4.1).

Entsprechend dieser Vorgaben ist es künftig für alle Unternehmen, die mit Kreditinstituten zusammenarbeiten wollen, unerlässlich, ein Risikomanagement für das eigene Unternehmen aufzubauen. Dieses ist notwendig, um dem Kreditinstitut die Risiken des Unternehmens detailliert darzulegen. Es bietet sich daher an dieser Stelle an, auf die Vorgaben näher einzugehen, denen die Kreditinstitute zu folgen haben.

Wichtig für die Einschätzung eines Kredites ist, ob das Kreditinstitut, das die Gelder für die Finanzierung bereitstellt, nach Ende der Laufzeit des Kredites seine Investition wieder zurückerhält. Vertraglich ist dies unproblematisch. In der Praxis kann es aber vorkommen, dass das Unternehmen, das eine Finanzierung aufgenommen hat, die Rückzahlung dieses Kredites nicht leisten kann. Dies geschieht, wenn ein Unternehmen insolvent zu werden droht oder bereits insolvent ist. Es kann aber auch zu plötzlichen Liquiditätsschwierigkeiten kommen, die eine Rückzahlung unmöglich machen. Die Bank versucht daher möglichst schon vor der Auszahlung des Betrags abzuschätzen, mit welcher Sicherheit der Finanzierungsbetrag vom zu finanzierenden Unternehmen zurückbezahlt werden kann.[1]

Die traditionelle Prüfung der Kreditwürdigkeit, also der Fähigkeit zur Rückzahlung des Finanzierungsbetrages, stützt sich im Wesentlichen auf den Jahresabschluss. Konkrete

---

[1] Vgl. hierzu auch Ermschel et al. 2012.

4.1 Eigenkapitalvorschriften bei Banken bedingt durch Basel II und Basel III

Abb. 4.2 Die drei Säulen von Basel II. (Quelle: Eigene Darstellung nach Basel II)

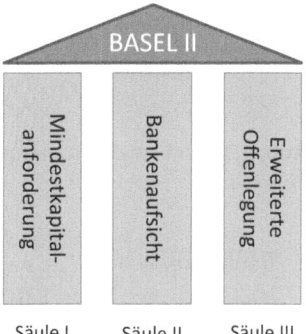

Positionen der Bilanz sowie der Gewinn- und Verlustrechnung werden dabei zur Einschätzung der finanziellen Lage des Unternehmens herangezogen. Das Problem dieser Vorgehensweise ist jedoch offensichtlich, dass die Bilanzkennzahlen vergangenheitsorientiert sind und damit zukünftige Entwicklungen nur eingeschränkt beschreiben können.

In den letzten Jahren haben daher verstärkt Rating-Agenturen (vgl. Kap. 3.2.3.1) die Aufgabe übernommen, Unternehmen auf die Glaubwürdigkeit der Rückzahlung ihrer Schulden einzuschätzen. Rating bezeichnet dabei eine Bewertung bzw. Einschätzung der Bonität und damit der Kreditwürdigkeit eines Unternehmens oder einer von diesem Unternehmen emittierten Anleihe. Sie bewerten die Fähigkeit eines Kreditnehmers, seinen Zahlungsverpflichtungen in der Zukunft nachzukommen.

Grundsätzlich entbinden Ratings Kreditinstitute aber nicht von der Pflicht einer eigenen Risikoeinschätzung. Die Folgen der Finanzkrise haben dies deutlich gemacht. Hier muss sich noch wie schon angesprochen in Absprache mit den jeweiligen Aufsichtsbehörden eine neue Struktur etablieren, die aus heutiger Sicht nicht abschätzbar ist.

In diesem Zuge ist nun **Basel II** neu zu bewerten. Der Begriff Basel II bezeichnet dabei die Eigenkapitalvorschriften, die vom Baseler Ausschuss für die Bankenaufsicht, dem die meisten europäischen Staaten sowie die USA angehören, beschlossen wurden. Diese Regeln müssen entsprechend besonderer EU-Richtlinien von allen Mitgliedsstaaten der Europäischen Gemeinschaft für alle Banken und Finanzdienstleister angewandt werden. Aufbauend auf den älteren Vorschriften von Basel I zielt Basel II auf eine Stärkung der Sicherheit und Solidität des Finanzsystems ab. Die Regeln von Basel II wurden dazu in drei sich ergänzenden Säulen zusammengefasst (vgl. Abb. 4.2[2]), die nachfolgend beschrieben werden.

- **Mindestkapitalanforderung**
  Die Mindestkapitalanforderungen fordern eine Eigenkapitalunterlegung für alle Kredit-, Markt- und operationalen Risiken. Zur Bestimmung dieser Eigenkapitalanforderungen stehen verschiedene Verfahren zur Auswahl. Bessere (genauere) Verfahren können dabei zu Erleichterungen bei der Kapitalanforderung führen.

---

[2] Vgl. hierzu z. B. www.bundesbank.de/bankenaufsicht/bankenaufsicht_basel.php.

Abb. 4.3 Struktur eines internen Rating-Prozesses. (Quelle: eigene Darstellung nach Gleisner und Füsner 2003)

- **Bankenaufsicht**
  Hierunter wird der aufsichtsrechtliche Überprüfungsprozess verstanden, der die quantitativen Eigenkapitalanforderungen der 1. Säule um eine qualitative Komponente ergänzt. Dazu sollte innerhalb des Kreditinstituts ein Risikomanagementsystem eingerichtet werden, das die Risiken im Unternehmen adäquat bewerten kann.
- **Erweiterte Offenlegung**
  Durch eine erweiterte Offenlegung soll die Marktdisziplin insgesamt gestärkt werden. Die Weitergabe von Informationen im Rahmen der externen Rechnungslegung der Banken dient dazu, dass die Banken auf eine vernünftige Eigenkapital- bzw. Risikokapitalstruktur selbständig achten, um mögliche Kursreaktionen auf die eigene Aktie frühzeitig zu vermeiden.

Basel II sieht dabei vor, dass die Bonitätseinstufung eines Kreditnehmers durch Ratings das zentrale Kriterium für die Eigenkapitalunterlegung bei der kreditvergebenden Bank ist. Dieses Rating muss aus der Richtlinie entweder intern durch eigene Untersuchungen oder über ein externes Rating (Rating-Agentur) dargelegt werden. Da externe Ratings über Rating-Agenturen keine Sicherheit für eine adäquate Risikoeinschätzung mehr bieten, ist es unumgänglich, die interne Einrichtung eines Rating-Prozesses bei den Banken einzurichten. In Abb. 4.3 wird die Struktur eines internen Rating-Prozesses dargestellt.

- **Analyse, Bewertung:**
  Identifikation und Bewertung der Faktoren, die den größten Einfluss auf das Unternehmen selbst bzw. auf die Anleihe eines Unternehmens haben durch speziell geschulte Analysten.
- **Rating-Komitee:**
  Vorstellung der Analyse mit Einschätzung des Ratings vor dem Rating- Komitee. Das Rating-Komitee besteht aus erfahrenen Analysten und Vorständen der Bank. Falls das Unternehmen das Rating nicht akzeptiert, erfolgt nochmals eine genaue Überprüfung.
- **Publikation:**
  Nach erfolgtem Rating- Urteil erfolgt sehr schnell (i. d. R. innerhalb 24 Stunden) die Veröffentlichung (intern natürlich nur an das Unternehmen).
- **Laufende Überwachung:**
  Die Bank begleitet das Unternehmen oder die Unternehmens-Anleihe kontinuierlich.

4.1 Eigenkapitalvorschriften bei Banken bedingt durch Basel II und Basel III

Abb. 4.4 Beispiel Gewichtung der Unternehmensunterlagen. (Quelle: Eigene Darstellung nach Gleisner und Füsner 2003)

		Bank 1	Bank 2
I.	Finanzielle Situation (Bilanz,GuV)	50%	20%
	Prognose und Prognosestabilität	15%	15%
II.	Management und Strategie	5%	10%
	Kommunikation und Transparenz	5%	5%
III.	Unternehmensorganisation	5%	10%
	Rechnungswesen und Controlling	5%	10%
IV.	Produkte und Marktstellung	5%	15%
	Branche und Wettbewerbssituation	10%	15%

Die Bewertung (also das Rating) basiert auf den der Bank überlassenen unternehmensspezifischen Unterlagen bzw. auf offenen Informationen zum Jahresabschluss (oder Quartalsabschluss).

- **Unternehmensinterne Unterlagen:**
  Unternehmensinterne Unterlagen sind im Regelfall Bilanzinformationen. Um die Bilanzentwicklung genauer abschätzen zu können, werden dazu die Zahlen der letzten 3–5 Jahre verwendet. Zusätzlich können noch Strategieunterlagen des Unternehmens berücksichtigt werden.
- **Standardisierte Bewertungsgrundlagen:**
  Die Unternehmensunterlagen werden in diesem Schritt standardisiert also auf eine möglichst allgemeingültige Form gebracht. Diese Struktur kann dann mit anderen Branchendaten verglichen und bewertet werden.
- **Auswertung:**
  Aus den standardisierten Unterlagen werden dann Rückschlüsse auf die zukünftige Ertrags- bzw. Finanz-/Vermögenslage des Unternehmens gezogen. Aus diesen werden die aktuelle sowie auch die kommende Bonitätslage des Unternehmens und damit die Ausfallrate für die Bank abgeleitet.

Um eine endgültige Beurteilung über die Bonität eines Unternehmens zu erhalten, werden die erhaltenen Bewertungen in den unterschiedlichen Positionen nun zu einer Endnote gewichtet (vgl. Abb. 4.4 und 4.5). Diese Gewichtung ist aber sehr subjektiv und unterscheidet sich i. d. R. von Bank zu Bank.

Die Verpflichtung zum Rating ist nach Basel II bindend für alle Kredite, die eine Bank vergibt. Dies gilt auch für Kredite an Privatkunden. Jeder Bankkunde wird sich daher in einer entsprechenden (internen) Banktabelle wiederfinden.

Für die Bank selbst ist diese Ratingeinstufung aller Kunden die Voraussetzung für die Eigenkapitalhinterlegung bei der jeweiligen Zentralbank. Nach Basel I (Baseler Eigenkapi-

Abb. 4.5 Internes Rating eines Unternehmens. (Quelle: Eigene Darstellung)

Ratingnote	Kreditrisiko/Ausfallwahrscheinlichkeit
1 – 2	Unzweifelhafte Fähigkeit zur Kapitalrückzahlung
3 – 4	Große Fähigkeit zur Kapitalrückzahlung
5 – 6	Fähigkeit zur Kapitalrückzahlung auch in schwierigen Konjunkturphasen
7 – 8	Fähigkeit zur Kapitalrückzahlung mit Einschränkung in schwierigen Konjunkturphasen
9 – 10	Fähigkeit zur Kapitalrückzahlung mit Einschränkung
11 – 12	Erhöhte Anfälligkeit für Zahlungsverzug
13 – 14	Ausgeprägte Anfälligkeit für Zahlungsverzug
15 – 16	Kreditnehmer ist in Zahlungsverzug

talübereinkunft von 1988) mussten Kredite an Unternehmen pauschal mit 8 % Eigenkapital durch das Kreditinstitut unterlegt werden. Eine Kreditsumme von 1 Mio. € hatte die Bank damit mit 80.000 € an Eigenkapital zu unterlegen. Eine weitere Differenzierung innerhalb der Schuldnergruppen erfolgte nicht. Dadurch wurde die individuelle Bonität des Kreditnehmers nur unzureichend berücksichtigt. Ein Kreditnehmer mit (sehr) guter Bonität in einem wachstumsstarken Marktumfeld zahlte also eher einen zu hohen, Kreditnehmer mit schwacher Bonität einen zu geringen Risikoaufschlag. Dadurch wurden bei den Banken Stammkunden bevorzugt, obwohl sie vielleicht schon bei anderen Banken Probleme hatten.

Nach Basel II muss jedes Kreditinstitut bei der Vergabe eines Kredites einen Prozentsatz der Kreditsumme, gewichtet mit einem bestimmten Risikofaktor, der sich aus der Ratingeinschätzung ergibt, mit Eigenkapital unterlegen. Dazu wurde folgende Formel entwickelt:

$$Kreditsumme \cdot Prozentsatz \cdot Risikofaktor = EK\text{-}Unterlegung \qquad (4.1)$$

Diese Reform im Bankenwesen sollte frühestens 2006 greifen. Durch etliche Verzögerungen, insbesondere haben die USA den Vertrag immer noch nicht ratifiziert, ist Basel II nicht in allen angeschlossenen Ländern in Kraft getreten. Nichtsdestotrotz haben die meisten deutschen Banken die internen Strukturen schon auf Basel II umgestellt, da Deutschland als eines der ersten Länder den Vertrag in nationales Recht umgesetzt hatte.

Grundsätzlich sieht auch das Basel II-Konzept wie Basel I eine 8 %ige Eigenkapitalunterlegung vor. Die Risikofaktoren (vgl. Formel (4.1)) sollen aber durch eine individuelle Risikoeinstufung (Rating) des Kreditnehmers deutlich stärker differenziert werden können. Beispielsweise könnte bei einer Kreditsumme von 1 Mio. sich für ein Unternehmen mit sehr guter Bonität bei einer Gewichtung durch das Rating von 20 % eine EK-Unterlegung durch die Bank von 16.000 € ergeben (*1 Mio. 8 % × 20 %*). Für ein

Unternehmen mit mangelhafter Bonität, deren Rating einen Faktor von 150 % verursacht, müssten 120.000 € Eigenkapital vorgehalten werden (*1 Mio. × 8 % × 150 %*). Ein Unternehmen, das bei einer Bank daher eine Finanzierung erhalten möchte, darf nicht passiv bleiben, sondern muss sich dringend um sein Rating kümmern. Je besser das Rating, umso geringer werden die finanziellen Belastungen, die für die Kredite aufzuwenden sind.

Basel III ist nun eine 2010 beschlossene, aber zum heutigen Stand noch nicht ratifizierte Weiterentwicklung von Basel II. Es beinhaltet ergänzende Empfehlungen des Baseler Ausschusses für die Bankenaufsicht. Grundsätzlich bleiben die obigen Regeln für Basel II weiterhin gültig. Aufgrund der Erkenntnisse aus der Anwendung von Basel II sowie den Erfahrungen aus der Wirtschafts- und Finanzkrise sah sich der Ausschuss gezwungen, Anpassungen vorzunehmen, um die Finanzwelt stabiler zu machen.

Kernpunkt von Basel III sind eine Erhöhung der Mindestkapitalanforderungen und härtere Liquiditätsvorschriften für die Banken.[3] Bereits bei Basel II sollten die Banken Ausfallrisiken ihrer Kreditengagements mit Eigenkapital abdecken. Die Banken wären damit besser aufgestellt, um mögliche Krisen entgegenwirken zu können. Entsprechend Basel III müssen die Banken ihr Kapital deutlich weiter erhöhen. Entscheidend sind dabei das **Kernkapital** (Tier-1) und die hieraus abgeleitete **Kernkapitalquote**. Diese entspricht dem Verhältnis des Kernkapitals zu den risikobehafteten Geschäften einer Bank (Kredite und Investments).

Das Kernkapital soll die Verluste decken, die eventuell durch Kreditausfälle und Rückschläge an den Kapitalmärkten entstehen. Unterschieden werden hierzu hartes und weiches Kernkapital. Die Unterscheidung liegt in der Zurechenbarkeit unterschiedlicher Positionen zum Kernkapital. Von hartem Kernkapital (Core Tier-1) spricht man bei reinem bilanziellen Eigenkapital (Grundkapital und Gewinnrücklagen). Weiches Kernkapital sind dann andere dem Eigenkapital zuzuordnenden Positionen, die möglichst unbefristet zur Verfügung stehen (z. B. nachrangige Positionen). Neben dem Kernkapital wird zudem das **Ergänzungskapital** (Tier-2) weiterer Bestandteil der Eigenmittel der Bank. Ergänzungskapital ist Kapital, das teilweise zum Eigenkapital zählt, aber nicht als Kernkapital betrachtet wird (z. B. Genusskapital).

Des Weiteren wird ein **Kapitalerhaltungspuffer** definiert, der verhindern soll, dass das Kapital in Krisen zu schnell aufgebraucht wird. Wird dieser Puffer unterschritten, treten Sanktionen gegen die Bank ein (z. B. Beschränkung der Dividenden). Der Kapitalerhaltungspuffer erhöht somit die Kernkapitalquote, da dieser aus hartem Kernkapital angelegt werden muss. Zudem soll ein antizyklischer Kapitalpuffer aufgebaut werden, der sich aus dem Kreditwachstum der Bank bemisst. Ist dieses zu stark, wird der Puffer größer oder schrumpft im umgekehrten Fall wieder. Die Einrichtung dieses antizyklischen Puffers sollen die Bankaufseher aber für jedes Land individuell entscheiden.

---

[3] Vgl. Ausarbeitung des BMF zu Basel III

Abb. 4.6 Aufstellung der Mindestkapitalanforderungen nach Basel III. (Quelle: Eigene Darstellung nach BMF zu Basel III)

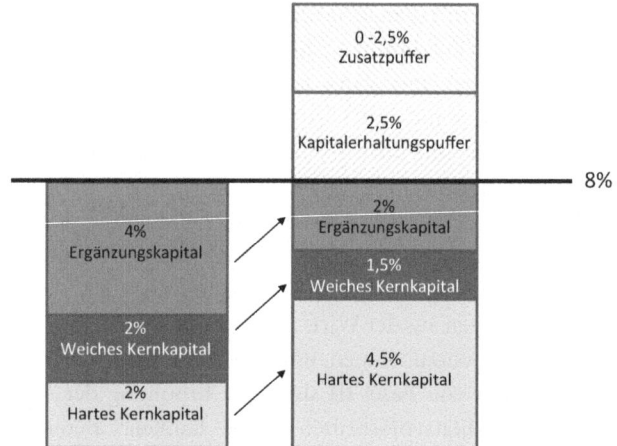

Basel III definiert nun ganz konkrete Mindestkapitalquoten, was Abb. 4.6 aufzeigt. Im Detail müssen die Banken die Kernkapitalquote schrittweise bis 2015 auf 6 % erhöhen. Davon sollen 4,5 % aus hartem Kernkapital und 1,5 % aus weichem Kernkapital beigesteuert werden. Hinzu kommt dann ab 2016 der Kapitalerhaltungspuffer der bis 2019 mit weiteren 2,5 % hartem Kernkapital ausgestattet werden muss. Zudem könnte dann noch der antizyklische Puffer von bis zu 2,5 % eingerichtet werden. Im schlechtesten Fall muss eine Bank daher 13 % Kapital im Vergleich zu den Risikopositionen vorhalten (6 % Kernkapital + 2 % Ergänzungskapital + 5 % Kapitalpuffer).

Die Empfehlungen des Baseler Ausschusses zu den Mindestkapitalanforderungen sollten ursprünglich spätestens bis 2012 in einer europäischen Aufsichtsrichtlinie umgesetzt werden. Ab 2013 sollten sie dann in nationales Gesetz umgesetzt werden und würden bis 2018 in kraft treten. Dies ist aber bis heute noch nicht ratifiziert. Tatsächlich könnten die neuen Kapitalanforderungen an die Banken für diese zu erheblichen Belastungen führen. Insbesondere Banken, die keinen oder nur geringen Zugang zu den Kapitalmärkten haben, werden sich mit den neuen Richtlinien schwer tun, um ihr Kernkapital signifikant zu erhöhen (u. U. Genossenschaftsbanken).

Für die Unternehmen, die Kredite nachfragen, bedeuten die neuen Vorschriften, dass Bankinstitute künftig noch strenger die Qualität der Kredite hinterfragen müssen. Auch die Unternehmen müssen demnach verstärkt auf ihr Rating achten oder dieses verbessern, da Kredite mit einer schlechteren Einstufung von den Banken stark mit Eigenkapital (Kernkapital) hinterlegt werden müssen. In den Unternehmen erfolgt dies in der Regel durch den verstärkten Einsatz eines Risikomanagementsystems, das mit der finanzierenden Bank in Verbindung steht. Ist das Kernkapital als haftendes Kapital bei einer Bank schon deutlich eingeschränkt, können meist keine Kredite (insbesondere an schlechtere Schuldner) mehr vergeben werden. Dies kann auch Unternehmen treffen, die zwar finanziell gesund dastehen, durch hohe Investitionen aber gerade belastet sind (kurzfristig schlechtere Einstufung).

4.2 Eigenkapitalvorschriften bei Versicherungen durch Solvency II

Ein Versicherungsunternehmen muss gemäß der einführenden Überlegungen selbstverständlich ebenfalls über genügend Eigenkapital (also eigenes Kapital) verfügen, um die Versicherungsleistungen langfristig erbringen zu können und zahlungsfähig (solvent) zu bleiben.

Der Begriff Solvency leitet sich dabei vom lateinischen *solvens* (bzw. italienisch *solvente*) ab und bedeutet ursprünglich „lösend". Im Sinne von „Schuldscheine einlösen können", beschreibt der Begriff damit die Zahlungsfähigkeit eines Schuldners.

Für die EU gibt es Solvenzanforderungen seit den 1970er-Jahren. Im Rahmen der „Dritten Generation der Versicherungsrichtlinien" in den 1990er-Jahren wurde beschlossen, die EU-Solvenzregeln zu überprüfen und zu vereinheitlichen. Als Ergebnis dieser Überprüfung wurde 2002 eine begrenzte Reform der Solvenzanforderungen vom Europäischen Parlament und vom Rat beschlossen. Diese Reform ist als „Solvency I" bekannt. Sie brachte für den deutschen Versicherungsmarkt zum damaligen Zeitpunkt jedoch keine weitreichenden Veränderungen. Dies ändert sich mit den Anforderungen, die sich aus „Solvency II"[4] ergeben. Die Richtlinie dient nicht nur der Weiterentwicklung von Solvabilitätsfragen, sondern stellt auch Anreize, um eigene Systeme zur Messung und Steuerung von Risiken zu schaffen. Grundsätzlich gilt der Richtlinientext stets für Versicherungs- und Rückversicherungsunternehmen.

Analog zu Solvency II dient in den USA das bereits erwähnte Risk-Based Capital (vgl. Kap. 3.2.4.4) als Aufsichtssystem für die Versicherungsbranche. Das Risk-Based Capital besteht dabei im Wesentlichen aus zwei Komponenten:

1. Bestimmung eines minimalen Kapitalniveaus und Vergleich mit dem vorhandenen Eigenkapital.
2. Konkreter aufsichtsrechtlicher Maßnahmenkatalog bei einer Solvabilitätsbelastung.

Die Verabschiedung einer europäischen Richtlinie stellt zunächst nur einen ersten Schritt (Level 1) bei der Umsetzung in nationales Recht (Level 4) dar (vgl. Abb. 4.7). Der durch die Richtlinie festgelegte Rahmen wird auf Level 2 und Level 3 konkretisiert. Diese schrittweise Vorgehensweise wird als Lamfalussy-Verfahren bezeichnet.[5] Eine endgültige Umsetzung in nationales Recht darf erst in den nächsten Jahren erwartet werden.

Solvency II orientiert sich wie Basel II und III an einem 3-Säulen-Konzept. Die Abb. 4.8 fasst zusammen, an welchen Stellen der Richtlinie die wesentlichen Bezüge zum 3-Säulen-Konzept bestehen.

---

[4] Vgl. Richtlinie 2009/138/EG „Richtlinie des europäischen Parlaments und des Rates betreffend die Aufnahme und Ausübung der Versicherungs- und der Rückversicherungstätigkeit (SOLVABILITÄT II)" vom 25.November 2009.
[5] Vgl. Schubert und Grießmann 2004.

Abb. 4.7 Lamfalussy-Verfahren. (Quelle: eigene Darstellung nach Schubert 2009)

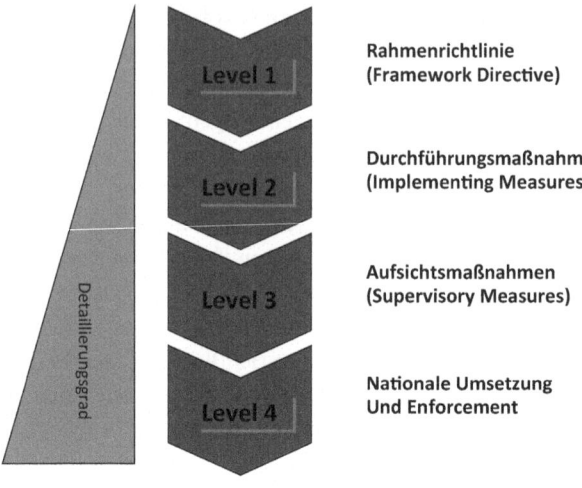

Abb. 4.8 3-Säulen-Konzept. (Quelle: Schittenhelm, F.A. 2010)

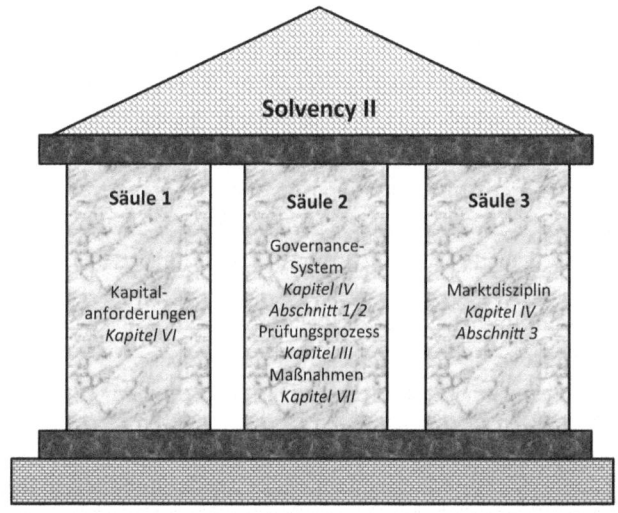

Säule 1: Mindestkapitalanforderungen

Die Mindestkapitalanforderungen ergeben sich aus einem zweigeteilten System:

a. einer Solvenzkapitalanforderung (Solvency Capital Requirement SCR) und
b. einer Mindestkapitalanforderung (Minimum Capital Requirement).

Dadurch soll es möglich sein, frühzeitig aufsichtsrechtliche Maßnahmen zu ergreifen (vgl. Abb. 4.9).

a) Solvenzkapitalanforderung

Versicherungsunternehmen sind verpflichtet, **anrechnungsfähige Eigenmittel** zur Bedeckung der Solvenzkapitalanforderung, die sich entweder aus einer Standardformel oder unter Verwendung eines internen Modells berechnet, zu besitzen.

4.2 Eigenkapitalvorschriften bei Versicherungen durch Solvency II

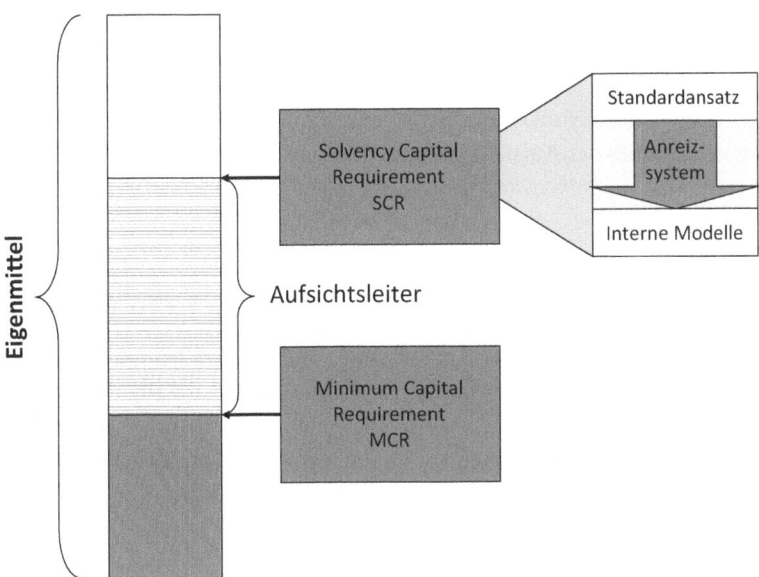

Abb. 4.9 Solvenzanforderungen. (Quelle: Eigene Darstellung nach Schubert 2009)

Die Berechnung der Solvenzkapitalanforderung ergibt sich auf Basis des Grundsatzes der Unternehmensfortführung, wobei für den Zeitraum eines Jahres sowohl die laufende Geschäftstätigkeit als auch das erwartete Neugeschäft betrachtet wird. Es wird gefordert, dass sie dem Value-at-Risk der Basiseigenmittel eines Versicherungsunternehmens zu einem Konfidenzniveau von 99,5 % über den Zeitraum eines Jahres entspricht. Damit ist eine klare Aussage über die Wahrscheinlichkeit eines Insolvenzfalles möglich.

Die Solvenzkapitalanforderung soll grundsätzlich alle quantifizierbaren Risiken, denen ein Versicherungsunternehmen ausgesetzt ist, berücksichtigen. So werden im Richtlinientext bereits folgende Risiken aufgeführt:

a) nichtlebensversicherungstechnisches Risiko;

b) lebensversicherungstechnisches Risiko;

c) krankenversicherungstechnisches Risiko;

d) Marktrisiko;

e) Kreditrisiko und

f) operationelles Risiko inklusive der Rechtsrisiken.[6]

Für Deutschland führt darüber hinaus das Rundschreiben MaRisk VA bereits explizit weitere Risiken auf:

- das Liquiditätsrisiko,
- das Konzentrationsrisiko,

---

[6] Vgl. Artikel 101 der Richtlinie 2009/138/EG.

- das strategischeRisiko und
- das Reputationsrisiko.[7]

Die Versicherungsunternehmen müssen die Solvenzkapitalanforderung zumindest einmal jährlich berechnen und der Aufsicht melden. Gleichzeitig wird aber auch eine kontinuierliche Überprüfung von Solvenzkapitalanforderung und Eigenmittel gefordert, sodass die Unternehmen sicherstellen, dass sie stets anrechnungsfähige Eigenmittel halten, die die Solvenzkapitalanforderung bedecken.[8]

b) Mindestkapitalanforderung

Zur Bedeckung der Mindestkapitalanforderung sind Versicherungsunternehmen verpflichtet, sogenannte **anrechnungsfähige Basiseigenmittel** zu halten. Die Berechnung der Mindestkapitalanforderung hat zumindest vierteljährlich zu erfolgen.

Die Mindestkapitalanforderung entspricht einem Betrag von anrechnungsfähigen Basiseigenmitteln, unterhalb dessen die Ansprüche der Versicherungsnehmer ernsthaft gefährdet wären. Eine Fortsetzung der Geschäftstätigkeit des Versicherungsunternehmens sollte deshalb nur möglich sein, falls innerhalb kurzer Zeit die anrechnungsfähigen Basiseigenmittel bis zur Höhe der Mindestkapitalanforderung aufgestockt werden. Ist dies nicht der Fall, führt das Unterschreiten der Mindestkapitalanforderung letztendlich zum Widerruf der Geschäftszulassung.

Die Mindestkapitalanforderung gemäß Artikel 129 Absatz 1 sieht einerseits absolute Untergrenzen[9] entsprechend Solvency I für die Versicherungszweige vor, andererseits ein 85 % Konfidenzniveau über den Zeitraum von einem Jahr für das Value-at-Risk der Basiseigenmittel des Versicherungsunternehmens. Zur Berechnung der Mindestkapitalanforderung ist eine Linearfunktion, die sich aus versicherungstechnischen Rückstellungen, verbuchten Prämien, Risikokapital, latenten Steuern und Verwaltungsausgaben zusammensetzen kann,[10] heranzuziehen. Die Mindestkapitalanforderung muss sich im Bereich zwischen 25 und 45 % der veranschlagten Solvenzkapitalanforderung bewegen.[11] Durch diese Unter- und Obergrenze wird gewährleistet, dass eine schrittweise Verschärfung der aufsichtlichen Maßnahmen erfolgen kann.[12]

---

[7] Vgl. Rundschreiben 3/2009 MaRisk VA Nr.5
[8] Vgl. Artikel 102 der Richtlinie 2009/138/EG.
[9] Vgl. Artikel 129 Absatz 1d) der Richtlinie 2009/138/EG.
[10] Vgl. Artikel 129 Absatz 2 der Richtlinie 2009/138/EG.
[11] Vgl. Artikel 129 Absatz 3 der Richtlinie 2009/138/EG.
[12] Vgl. Begründung der Richtlinie 2009/138/EG, Nr. 69.

4.2 Eigenkapitalvorschriften bei Versicherungen durch Solvency II

Säule 2: Aufsichtsrechtliche Überprüfungsverfahren

a) Governance-System

Die zweite Säule von Solvency II sieht ein durchgängiges und schlüssiges Governance-System vor. In Deutschland haben die Inhalte aufgrund der MaRisk VA bereits weitestgehend Einzug in die Versicherungsaufsichtspraxis gehalten. Bestandteile eines Governance-Systems sind eine Risikostrategie, eine adäquate Organisationsstruktur sowie ein internes Steuerungs- und Kontrollsystem.

Darüber hinaus sind konkrete Anforderungen durch das Governance-System zu erfüllen:[13]

1) Anforderungen an die Führungspersonen
2) Anforderungen an das Risikomanagement
3) Anforderungen an die unternehmenseigene Risiko- und Solvabilitätsbeurteilung
4) Anforderungen an die interne Kontrolle
5) Anforderungen an die interne Revision
6) Anforderungen an die versicherungsmathematische Funktion
7) Anforderungen an das Outsourcing

Zusammenfassend lässt sich festhalten, dass die Richtlinie darauf abzielt, dass die Versicherungsunternehmen eine regelmäßige individuelle Überprüfung des Gesamtsolvabilitätsbedarfs (ORSA own risk and solvency assessment) als Bestandteil ihrer Gesamtstrategie integrieren.[14] Dies steht im Zusammenhang mit der Überzeugung, dass Aufsichtsbehörden zukünftig nicht in der Lage sein werden, die zunehmende Komplexität aller aufsichtsrechtlichen Fragen alleine und ohne Mitarbeit der betroffenen Unternehmen zu erfassen und zu beurteilen.

b) Aufsichtsrechtlicher Prüfungsprozess

Kapitel III der Richtlinie befasst sich mit den Aufgaben der Aufsichtsbehörden. Hauptziel der Beaufsichtigung ist der Schutz der Versicherungsnehmer und der Begünstigten von Versicherungsleistungen.[15]

Konkret bedeutet dies, dass zumindest die Einhaltung folgender Anforderungen bei der aufsichtsrechtlichen Prüfung sicherzustellen ist:[16]

a) Die Anforderungen an das Governance-System einschließlich der unternehmenseigenen Risiko - und Solvabilitatsbeurteilung;
b) Die Anforderungen an die versicherungstechnischen Rückstellungen;
c) Die Eigenkapitalanforderungen;

---

[13] Diese Anforderungen sind geregelt in Artikel 42 bis 49 der Richtlinie 2009/138/EG.
[14] Vgl. Begründung der Richtlinie 2009/138/EG Nr. 36.
[15] Vgl. Artikel 27 der Richtlinie 2009/138/EG.
[16] Vgl. Artikel 36 Absatz 2 der Richtlinie 2009/138/EG.

d) Die Anlagevorschriften;
e) Die Anforderungen an Qualität und Quantität der Eigenmittel und
f) gegebenenfalls die Vorschriften für ein internes Modell.

Lässt der aufsichtsrechtliche Prüfungsprozess Mängel erkennen, die nicht innerhalb einer kurzen Frist beseitigt werden können, so kann die Aufsichtsbehörde in Ausnahmefällen einen Kapitalaufschlag für das Versicherungsunternehmen festsetzen. Kriterien für einen solchen Ausnahmefall sind nicht adäquate Risikomodelle oder unzureichende Governance-Systeme.[17]

Die weiteren Eingriffsmöglichkeiten werden im Wesentlichen in Kapitel VII der Richtlinie behandelt.

Weisen Versicherungsunternehmen unzureichende **versicherungstechnische Rückstellungen** aus, so können die Aufsichtsbehörden den Unternehmen die freie Verfügung über die Vermögenswerte verbieten.[18]

Wird die **Solvenzkapitalanforderung** nicht bedeckt beziehungsweise ist dies innerhalb der nächsten 3 Monate zu erwarten, so hat das Versicherungsunternehmen innerhalb von 2 Monaten einen Sanierungsplan vorzulegen.[19] Zusätzlich verlangt die Aufsichtsbehörde vom Versicherungsunternehmen konkrete Maßnahmen, die entweder eine Erhöhung der Eigenmittel oder eine Reduktion der Solvenzkapitalanforderung zur Folge haben. Eine Reduktion der Solvenzkapitalanforderung kann erreicht werden, indem das Risikoprofil des Versicherungsunternehmens verändert wird. Ziel ist es, dass das Versicherungsunternehmen innerhalb einer Frist von 6 Monaten wieder über eine gesunde Finanzsituation verfügt.[20]

Wird hingegen die **Mindestkapitalanforderung** nicht bedeckt, so ist vom Versicherungsunternehmen innerhalb eines Monats ein kurzfristiger **Finanzierungsplan** vorzulegen. Dieser hat zum Ziel innerhalb einer Frist von 3 Monaten die Basiseigenmittel bis zur Höhe der Mindestkapitalanforderung aufzustocken bzw. das Risikoprofil entsprechend abzusenken.[21] Die Maßnahmen der Aufsichtsbehörden können die Einschränkung der freien Verfügung der Vermögenswerte beinhalten.[22]

Säule 3: Marktdisziplin
Analog zu den Überlegungen für Basel II und III beruhen die Anforderungen der dritten Säule von Solvency II auf der Annahme, dass weitreichende Offenlegungspflichten die Unternehmen zu einem besonnenen Umgang mit den eingegangenen Risiken veranlassen. Dies wird dann der Fall sein, wenn Versicherungsnehmer und andere Anspruchsberech-

---

[17] Vgl. Artikel 37 der Richtlinie 2009/138/EG.
[18] Vgl. Artikel 137 der Richtlinie 2009/138/EG.
[19] Vgl. Artikel 138 Absatz 2 der Richtlinie 2009/138/EG.
[20] Vgl. Artikel 138 Absatz 3 der Richtlinie 2009/138/EG.
[21] Vgl. Artikel 139 Absatz 2 der Richtlinie 2009/138/EG.
[22] Vgl. Artikel 139 Absatz 3 der Richtlinie 2009/138/EG.

tigte selektiv, basierend auf den verfügbaren Informationen, ihre Versicherungspartner auswählen.

Die Solvabilitätsanforderungen im Versicherungsbereich wirken sich ähnlich wie die im Bankenbereich indirekt auf die Industrieunternehmen aus. Durch die verschärfte Risikobetrachtung sind auch Versicherungsunternehmen als große Kreditgeber gezwungen, höhere Anforderungen an die Bonität ihrer Gläubiger zu stellen. Dies führt zwangsläufig zur Forderung nach mehr Transparenz der eingegangenen Risiken auf Seiten der Kreditnehmer.

4.3 Vergleich der Aufsichtssysteme

Basel II diente als Vorbild für die Umsetzung der Solvabilitätsanforderungen durch Solvency II für den europäischen Versicherungsbereich. Solvency II geht aber bereits über die Anforderungen von Basel II hinaus, indem

- Risiken auf der Aktiv- und Passivseite berücksichtigt werden,
- Diversifikationseffekte aufgrund von Korrelationen zwischen den Einzelrisiken erfasst werden.

Sowohl die Projekte Basel II und III als auch Solvency II dienen dazu, bestehende quantitative Aufsichtssysteme durch risikoorientierte Elemente zu erweitern. Langfristiges Ziel ist es, die bestehenden Systeme durch ein primär qualitatives Aufsichtssystem abzulösen, bei dem im Wesentlichen individuelle, unternehmensinterne Risikosteuerungsmodelle zum Einsatz kommen.

Es sei aber darauf hingewiesen, dass das tatsächliche Risikoprofil in der Versicherungswirtschaft von dem des Bankensektors abweicht. Versicherungen sind primär durch einen Risikoausgleich innerhalb des Versichertenkollektivs und im klassischen Lebensversicherungsbereich über die Zeit gekennzeichnet. Es findet damit eine passivseitige vertikale Risikotransformation statt. Banken hingegen sind dadurch gekennzeichnet, dass sie durch eine Fristen- oder Liquiditätstransformation für eine horizontale Risikotransformation zwischen Aktiv- und Passivseite sorgen.[23]

Die Versicherungsbranche verfügt mit der Rückversicherung über ein Instrumentarium, das sich bewährt hat und auch größere unternehmensindividuelle Risiken beherrschbar macht. Ähnliche Instrumente im Bankensektor, etwa Credit Default Swaps, haben diesen Stellenwert noch nicht erreicht.

Die hier behandelten Aufsichtssysteme orientieren sich an einem 3-Säulen System, wobei sich die erste Säule mit der Berechnung von vorzuhaltenden Eigenmitteln auseinandersetzt, die zweite Säule den Aufsichtsprozess beschreibt und die dritte Säule die Offenlegungspflichten regelt.

---

[23] Vgl. Schubert und Grießmann 2004.

Tab. 4.1 Vergleich der Aufsichtssysteme. (Quelle: in Anlehnung an Schittenhelm 2010)

	Basel II	Basel III	Solvency II
Initiator	Baseler Bankenausschuss	Baseler Bankenausschuss	EU
Paradigma der Aufsicht	quantitativ und qualitativ	quantitativ und qualitativ	quantitativ und qualitativ
Anwendung	Banken weltweit	Banken weltweit	Versicherungen EU
Risikodefinition	- Kreditrisiko, - Marktrisiko und - operationelles Risiko	- Kreditrisiko, - Marktrisiko und - operationelles Risiko	- Versicherungs-risiko - Kreditrisiko, - Marktrisiko und - operationelles Risiko
Risikomessung	Addition der Einzelrisiken	- Kreditrisiko, - Marktrisiko und - operationelles Risiko	Portfolioansatz mit Korrelationen
Konzept der Eigenkapital-Ausstattung	Mindesteigen-kapital	Mindesteigen-kapital erhöht	Solvency Capital Requirement (SCR) und Minimum Capital Requirement (MCR)

Die Mindestkapitalanforderungen sollen sich bei allen drei Systemen grundsätzlich verstärkt am eingegangenen Risiko des Unternehmens orientieren, wobei neben Standardmessverfahren bereits stark auf unternehmensindividuelle Modelle und deren Weiterentwicklung gesetzt wird.

Der Aufbau der zweiten und dritten Säule sind bei Basel II /III und Solvency II ähnlich, und zielen verstärkt auf eine qualitative Aufsicht ab.

Die Unterschiede zwischen den angesprochenen Systemen sind ansonsten vielfältig. Zunächst bleibt festzuhalten, dass die Initiatoren und Entwickler der vorgestellten Aufsichtssysteme für Basel II /III der Basler Bankenausschuss und für Solvency II die EU sind. Dies führt dazu, dass Basel II den Anspruch hat, weltweit eingesetzt zu werden, während Solvency II auf Europa beschränkt bleibt.[24]

Im Detail wird deutlich, dass sich Basel II bei der Berechnung der Mindestkapitalanforderungen nur an Einzelrisiken orientiert, während die Ansätze von Solvency II das Gesamtrisiko unter Berücksichtigung von Korrelationen betrachtet.

Während Basel II nur ein Mindesteigenkapital definiert, unterscheidet Solvency II zwischen ökonomischem Kapital und Mindestkapital. Dies führt bei Solvency II dazu, dass ein frühzeitiges Erkennen einer Solvenzanspannung möglich ist und geeignete Gegenmaßnahmen durch die Aufsichtsbehörden verordnet werden können.

Insbesondere erlaubt Solvency II Aussagen über die Wahrscheinlichkeit, dass ein Versicherungsunternehmen solvent bleibt. Dies führt dazu, dass bereits in den Standardverfahren die mathematische Komplexität der Modelle höher ist als bei Basel II (Tab. 4.1).[25]

---

[24] Vgl. Aigner 2008.
[25] Vgl. Schubert 2009.

Anhang

1) Statistische und stochastische Grundlagen

Bedingte Wahrscheinlichkeiten

Definition:
Sind A, H Ereignisse eines Wahrscheinlichkeitsraums (Ω, P) mit P(H) > 0, so nennt man die Zahl

$$P(A|H) = \frac{P(A \cap H)}{P(H)}$$

die bedingte Wahrscheinlichkeit von A unter der Bedingung oder Hypothese H.

Zufallsvariable, Verteilungsfunktion

Definition:
Es sei (Ω, P) ein Wahrscheinlichkeitsraum
Eine Vorschrift X, welche jedem $\omega \in \Omega$ eine reelle Zahl X(ω) zuordnet (die Realisation von X an der Stelle ω), nennt man eine Zufallsvariable, wenn für jedes $x \in P$ die Menge $\{\omega \in \Omega \mid X(\omega) = x\}$ ein Ereignis ist.
Ist X eine Zufallsvariable, so nennt man die durch

$$F_X(x) = P(\{\omega \in \Omega \mid X(\omega) \leq x\}) \quad \text{kurz}: F_X(x) = P(X \leq x)$$

für alle reellen Zahlen x definierte Funktion $F_X(x)$ die Verteilungsfunktion von X.

Eigenschaften von Verteilungsfunktionen:

$$F_X(x) \leq F_X(y) \text{ für } x \leq y$$

$$F_X(-\infty) = 0; \text{d. h.} \lim_{x \to -\infty} F_X(x) = 0$$

$$F_X(+\infty) = 1; \text{d. h.} \lim_{x \to +\infty} F_X(x) = 1$$

$F_X(x)$ ist in jedem Punkt rechtsseitig stetig.

Diskrete Zufallsvariable

Definition:
Eine Zufallsvariable X heißt diskret, wenn sie nur endlich oder abzählbar viele Werte annimmt. Ist X eine diskrete Zufallsvariable, so nennt man die durch

$$f_X(x) = P(\{\omega \in \Omega \mid X(\omega) = x\}) \quad \text{kurz:} f_X(x) = P(X = x)$$

definierte Funktion die Wahrscheinlichkeitsfunktion von X.

Stetige Zufallsvariable

Definition:
Eine Zufallsvariable X heißt stetig, wenn es eine Funktion $f : \Re \to [0, \infty)$ gibt, sodass die Verteilungsfunktion $F_X(x)$ für jedes $x \in P$ die Darstellung

$$F_X(x) = \int_{-\infty}^{x} f_X(t) dt$$

besitzt. Die Funktion $f_X(x)$ nennt man Dichte von X bzw. von $F_X(x)$
Die Wahrscheinlichkeit, dass eine stetige Zufallsvariable X mit Dichte $f_X(x)$ Werte zwischen zwei Zahlen a und b mit $-\infty \leq a \leq b \leq \infty$ annimmt, ist stets gleich dem Integral $\int_a^b f_x(x) dx$. Dabei ist es unerheblich, ob die Grenzen a, b mitberücksichtigt werden oder nicht, d. h. es gilt:

$$P(a < X < b) = P(a \leq X < b) = P(a < X \leq b) = P(a \leq X \leq b) = \int_a^b f_X(x) dx$$

Die Wahrscheinlichkeit wird durch die Fläche repräsentiert, die oberhalb des Intervalls [a;b] zwischen x-Achse und Dichtefunktion liegt.

Parameter von Verteilung

Definition:
Ist X eine diskrete Zufallsvariable mit dem Wertebereich $\{x_1, x_2, x_3, \ldots\}$ bzw. ist X eine stetig Zufallsvariable mit der Dichte $f_X(x)$, dann heißt die Zahl

$$E(X) = \mu_X = \begin{cases} \sum_{k \geq 1} x_k f_X(x_k) \\ \text{bzw.} \\ \int_{-\infty}^{+\infty} x f_X(x) dx \end{cases}$$

der Erwartungswert von X bzw. $F_X(x)$.

Die Zahl

$$\mathrm{Var}(X) = \begin{cases} \sum_{k \geq 1} (x_k - \mu_X)^2 f_X(x_k) \\ \quad\quad\text{bzw.} \\ \int_{-\infty}^{+\infty} (x - \mu_X)^2 f_X(x) dx \end{cases}$$

die Varianz von X bzw. $F_X(x)$.
Die Zahl

$$\sigma_X = \sqrt{\mathrm{Var}(X)}$$

die Standardabweichung von X bzw. $F_X(x)$.
Ist der zugrunde liegende Wahrscheinlichkeitsraum (Ω, P) endlich oder abzählbar, dann kann man E(X) oder Var(X) auch folgendermaßen berechnen:

$$E(X) = \sum_{\omega \in \Omega} X(\omega) \cdot P(\{\omega\})$$

$$\begin{aligned}\mathrm{Var}(X) &= \sum_{\omega \in \Omega} (X(\omega) - E(X))^2 \cdot P(\{\omega\}) \\ &= \sum_{\omega \in \Omega} X(\omega)^2 \cdot P(\{\omega\}) - E(X)^2\end{aligned}$$

Wenn der Wertebereich der Zufallsvariablen X unendlich ist, so sind E(X) und Var(X) laut Definition der Wert einer unendlichen Reihe bzw. eines uneigentlichen Integrals. Eine solche Reihe bzw. ein solches Integral kann auch divergent sein, d. h. E(X) bzw. Var(X) können undefiniert sein.

Schätzung von Parametern

Definition:
Eine Stichprobenfunktion, deren Realisierung (Schätzer) $\hat{\gamma}$ als Näherung eines Parameters γ einer Stichprobe angesehen werden kann, heißt Punktschätzung von γ.

Definition:
Eine Schätzung heißt erwartungstreu, wenn ihr Erwartungswert gleich dem zu schätzenden Parameter ist. Es gilt: $E(\hat{\gamma}) = \gamma$.

Definition:
Eine Schätzung $\hat{\gamma}_1$ heißt effizient (wirksam), wenn für zwei erwartungstreue Schätzer $\hat{\gamma}_1$ und $\hat{\gamma}_2$ für γ gilt: $\mathrm{Var}(\hat{\gamma}_1) < \mathrm{Var}(\hat{\gamma}_2)$.

Definition:
Ein Schätzer heißt konsistent, wenn er für sehr große Stichproben gegen den wahren Wert der Grundgesamtheit konvergiert.

Methoden zur Gewinnung von Schätzungen

Definition:
Für Parameter, die sich aus den Momenten zusammensetzen, gewinnt man Schätzungen, indem man die Momente durch die empirischen Momente ersetzt. Diese Methode heißt Momentenmethode.
Für den Erwartungswert verwendet man den Stichprobenmittelwert:

$$\frac{1}{n}\sum_{i=1}^{n} X_i.$$

Als empirisches zentrales Moment der Ordnung k bezeichnet man die Stichprobenfunktion

$$\frac{1}{n-1}\sum_{i=1}^{n} \left(X_i - \overline{X}\right)^k.$$

Eine Punktschätzung liefert aus der vorgelegten Stichprobe einen Schätzwert des betreffenden Parameters. Zur Genauigkeit und Sicherheit der Schätzung liefern Konfidenzschätzungen Ergebnisse.

Definition:
Sei eine mathematische Stichprobe $(X_1, \ldots X_n)$ aus einer Grundgesamtheit gegeben, wobei der Parameter γ der Stichprobe geschätzt werden soll. Ferner seien Schätzer $\widehat{\gamma_1}$ und $\widehat{\gamma_2}$ zwei Schätzer derart, dass bei beliebigem γ gilt: $P\left(\widehat{\gamma_1} < \gamma < \widehat{\gamma_2}\right) = 1 - \alpha$.
Dann heißt das Intervall $[\widehat{\gamma_1}; \widehat{\gamma_2}]$ eine Konfidenzschätzung oder Konfidenzintervall von γ zum Konfidenzniveau $1 - \alpha$.

Monte Carlo Simulation
Unter Monte Carlo Simulation versteht man eine Methode aus der Stochastik, bei der mithilfe von Computern große Mengen von Zufallszahlen für Verteilungen simuliert werden. Im Wesentlichen ermöglicht die Monte Carlo Simulation mithilfe der Wahrscheinlichkeitstheorie Probleme numerisch zu lösen, für die es keine geschlossenen Formeln gibt. Neben anderen Anwendungen, spielt die Monte Carlo Simulation gerade im Risikomanagement eine sehr bedeutende Rolle.
Generelles Verfahren der Monte-Carlo-Simulation

- Generierung von sehr vielen (N) zufallsbedingten Szenarien
- Bestimmung der Ergebnisgröße von jedem der N Szenarien
- Auswertung der Ergebnisgrößen z. B. über statistische Verfahren

Wichtige Elemente der Auswertung sind Erwartungswert, Standardabweichung, Quantile und Median. Monte-Carlo-Simulationen führen zu großen Datenmengen, die adäquat dargestellt werden müssen (Berichte, Diagramme, usw.).

Anhang

2) Derivate

Definition:
Forwards (auch Warenterminkontrakt oder Termingeschäft) sind zukünftige Geschäfte, die heute bereits in Umfang und Preis fest vereinbart werden. Forwards können ohne die Börse zwischen zwei Vertragspartnern als OTC-Geschäft (over the counter) frei vereinbart werden. Die Geschäfte können u. a. auf Rohstoffe, Währungen oder Finanztitel abgeschlossen werden. Im Devisenbereich kann sich so ein Exporteur, der beispielsweise für eine Lieferung einen Betrag in Fremdwährungen erwartet, mit einem Dritten (meist einer Bank) ein sogenanntes Devisentermingeschäft abschließen. Dabei wird er dem Vertragspartner zum vereinbarten Zeitpunkt Fremdwährung geben und er erhält den bereits heute fest vereinbarten Euro-Betrag. Offensichtlich führt dies aus Sicht des Exporteurs zu einer Absicherung gegen Währungsverluste. Allerdings kann er auch nicht von steigenden Fremdwährungskursen profitieren.
Forwards sind nur eingeschränkt marktfähig, andererseits bieten sie die Möglichkeit zu einem in hohem Maße individuellen Zuschnitt.

Definition:
Futures sind standardisierte Forwards, wobei die Struktur des Geschäfts im Prinzip unverändert bleibt, d. h. ein heute festgeschriebener zukünftig stattfindender Kauf oder Verkauf eines Gutes.
Futures werden an speziell eingerichteten Börsen gehandelt und sind eben gerade soweit standardisiert, dass sich i. d. R. börsentäglich ein Marktpreis bildet. Die bekanntesten und umsatzstärksten Futures-Märkte sind in New York (New York Futures Exchange, New York Mercantile Exchange) und Chicago (Chicago Board of Trade, Chicago Mercantile Exchange). Dort werden Futures auf alle möglichen Güter wie Baumwolle, Kaffee, Erdöl, Erdgas aber auch Devisen, Aktien und Aktienindizes sowie Edelmetalle gehandelt. In Deutschland werden Futures an der EUREX gehandelt, die ihren Sitz in Frankfurt am Main hat. Dort kann man auch Futures zeichnen, bei denen der Vertragspartner in einem anderen europäischen Land beheimatet ist.
Im Gegensatz zu Forwards, bei denen ein Vertragspartner jederzeit ausfallen kann, bieten Futures ein hohes Maß an Sicherheit. Dies liegt darin begründet, dass bei Futures das sog. Clearinghaus als Vermittlungsstelle auftritt. Von dort werden die Futures dann am selben Tag dem Gegenüber weitergegeben. Somit ist die Bonität beider Vertragspartner durch diese Vermittlungsstelle gesichert. Man geht also beim Zeichnen eines Futures die rechtlich bindende Verpflichtung zur Lieferung bzw. Entgegennahme des Gutes ein.
Das Clearinghaus sorgt darüber hinaus für eine börsentägliche Glattstellung der Futures. Um dies zu gewährleisten, müssen beide Vertragspartner beim Clearinghaus ein Konto, das Margin-Konto, unterhalten, auf das entsprechend zugegriffen werden kann. Dies bedeutet, dass Gewinne und Verluste der Futures täglich auf diesem Konto abgerechnet werden. Sämtliche Forward und Future Kontrakte haben einen Ablaufzeitpunkt. Dabei wird in der Praxis das Gut, auf das der Kontrakt abgeschlossen ist, nicht immer ausgeliefert. Häufig einigen sich die beiden Vertragspartner auf die Auszahlung einer Geldsumme, um

den Vertrag aufzulösen. Typische Einsatzmöglichkeiten sind Forwards oder Futures auf Rohstoffe wie Rohöl, Erdgas, Metalle usw. Hat ein Unternehmen beispielsweise einen hohen Bedarf an Rohöl, so kann es sich den Einkaufspreis für die nächsten Monate sichern und schließt somit das Risiko eines steigenden Ölpreises aus bzw. überträgt dieses Risiko an einen Dritten.

Definition:
Eine **Option** ist ein Vertrag zwischen zwei Partnern, dem Käufer der Option und dem sogenannten Verkäufer der Option, der auch Stillhalter oder Emittent genannt wird. Der Käufer einer Option erwirbt das Recht, ein sogenanntes Underlying Asset zu einem bestimmten Zeitpunkt oder bis zu einem bestimmten Zeitpunkt zu kaufen (Kaufoption) oder zu verkaufen (Verkaufoption). Typische Underlying Asset, auf deren Handel Optionen abgeschlossen werden, sind Wertpapiere wie Bonds oder Aktien, ein Aktienindex oder auch Devisen. Der Preis, zu dem die Transaktion in der Zukunft ggf. stattfinden wird, wird bereits beim Erwerb der Option festgelegt und als Ausübungspreis der Option bezeichnet. Da Englisch in der Finanzwelt die dominante Sprache ist, verwendet man nahezu ausschließlich die englischen Begriffe Call (= Kaufoption) und Put (= Verkaufsoption). Im Gegensatz zu Futures ist der Inhaber einer Option allerdings nicht verpflichtet, diese auszuüben. Es handelt sich hier lediglich um ein Wahlrecht (optio = lat. Wahlrecht).
Optionen werden i. d. R. von Banken herausgegeben. Dieses Emittieren von Optionen auf Aktien, Aktienindizes, Bonds oder auch Währungen geschieht regelmäßig; größte Emittenten sind international tätige Investmentbanken wie beispielsweise Citibank, Merrill Lynch oder Goldman Sachs. Häufig werden Optionen auch in einem bestimmten Verhältnis emittiert, d. h. man benötigt beispielsweise 10 Optionen eines Typs, um eine Aktie zum vorab festgelegten Preis kaufen oder verkaufen zu können.

Definition:
Eine europäische Option verbrieft das Recht zur Ausübung (d. h. zum Kauf oder Verkauf) am sog. Ablaufzeitpunkt, d. h. am Tag des Ablaufs der Option, während eine amerikanische Option dieses Recht zur Ausübung während des gesamten Zeitraums bis zum Ablaufzeitpunkt garantiert. Somit erlauben amerikanische Optionen einen größeren Handlungsspielraum. Man darf sich allerdings durch die Namensgebung nicht verwirren lassen. Auch in Europa werden amerikanische Optionen gehandelt; bei Aktienoptionen sind in Europa weitaus mehr amerikanischen Optionen auf dem Markt als europäische.

Literaturverzeichnis

Aigner S (2008) Basel II und SolvencyII – mathematische Grundlagen. (Vortrag am 24.11.2008 in der TU Wien)

Albrecht P, Maurer R (2008) Investment- und Risikomanagement. Schaeffer-Poeschel Verlag, Stuttgart

Arnold G (2012) Corporate Financial Management, 5. Aufl. Pearson Education Limited

Bamberg G, Coenenberg A, Krapp M (2008) Betriebswirtschaftliche Entscheidungslehre, 14. Aufl. München

Bangert M (1987) Zinsrisiko-Management in Banken. Gabler, Wiesbaden

Beck A, Lesko M (2006) Zur Modellierung von Abhängigkeiten in der Bankpraxis – Copula-Funktionen zur Ermittlung des Gesamtbankrisikoprofils. Betriebswirtschaftliche Blätter 5:289–296

Beck A, Lesko M, Schlottmann F, Wimmer K (2006) Copulas im Risikomanagement. Zeitschrift für das gesamte Kreditwesen 14

Berk J, DeMarzo P (2011) Corporate Finance, 2. Aufl. Pearson International, Boston

Black F, Scholes M (1973) The pricing of options and corporate liabilities. J Polit Economy 81

Bodie Z, Kane A, Marcus A (2011) Investments and Portfolio Mangement. McGraw-Hill

Bösch M (2012) Derivate: Verstehen, anwenden und bewerten. Verlag Franz Vahlen, München

Brühwiler B (2011) Risikomanagement als Führungsaufgabe: ISO 31000 mit ONR 49000 wirksam umsetzen, Haupt

Busse F-J (2003) Grundlagen der betrieblichen Finanzwirtschaft, 5. Aufl. München

Cox J, Ross S, Rubinstein M (1979) Option pricing: a simplified approach. J Finan Econ 7

Daecke J (2009) Nutzung virtueller Welten zur Kundenintegration in die Neuproduktentwicklung – Eine explorative Untersuchung am Beispiel der Automobilindustrie. GWV Fachverlage, Wiesbaden

Danielson J, De Fries C, Casper G (1997) Value-at-Risk and extern returns. Discussion Paper Sept. 1997, London School of Economics, London

Däumler K-D (2007) Praxis der Investitions- und Wirtschaftlichkeitsrechnung, 12. Aufl. NWB Verlag

Demberg G, Bastian N (2007) Aus Patenten Geld machen. Handelsblatt vom 30.05.2007

Deutsch H-P (2008) Derivate und Interne Modelle: Modernes Risikomanagement. Schäffer-Poeschel Verlag, Stuttgart

Deutscher Bundestag (1998) Abschlußbericht der Enquete-Kommission „Schutz des Menschen und der Umwelt – Ziele und Rahmenbedingungen einer nachhaltig zukunftsverträglichen Entwicklung". Drucksache 13/11200 vom 26. Juni 1998

Diederichs M (2012) Risikomanagement und Risikocontrolling. Verlag Franz Vahlen, München

Dillerup R, Stoi R (2008) Praxis der Unternehmensführung. Verlag Franz Vahlen, München
Dziatzko N, Schittenhelm FA, Steinwandt A (2011) Berufsbild Innovationsmanager. Spektrum 33:99–102
Dziatzko N, Schittenhelm FA (2011) Technologie-Trüffelschwein. Innovationsmanager 14:88–89
Dziatzko N, Steinwandt A (2011) To be or not to be an Innovation Manager. Zeitschrift für Innovationsmanagement in Forschung und Praxis 02:32–43
Dziatzko N, Kielkopf M, Schittenhelm FA, Steinwandt A (2011) Die Bedeutung des Innovationsmanagements in mittelständischen Unternehmen – eine empirische Untersuchung. In Haubrock A et al (Hrsg) Zweite Aalener KMU Konferenz – Beiträge zum Stand der KMU Forschung 2011, S 41–57
Dziatzko N, Kielkopf M, Schittenhelm FA (2011) Das Berufsbild des Innovationsmanagers. In: Schildhauer T, Trobisch N, Busch C (Hrsg) Realität und Magie vom Heldenprinzip heute. Monsenstein und Vannerdat, S 158–164.
Dziatzko N, Kielkopf M, Schittenhelm FA, Steinwandt A (2012) Der Innovationsmanager als Netzwerker in KMU. Zeitschrift für Innovationsmanagement in Forschung und Praxis 03/2012:20–27
Eayrs W, Ernst D, Prexl S (2007) Corporate Finance Training. Schaeffer-Poeschel Verlag, Stuttgart
Ehrman H (2012) Risikomanagement in Unternehmen: Mit Basel III. Kiehl-Verlag, Ludwigshafen
Ermschel U, Möbius C, Wengert H (2010) Investition und Finanzierung, 2. Aufl. Physica-Verlag Springer, Dorberecht
Ermschel U, Möbius C, Wengert H (2012) (www.bundesbank.de/bankenaufsicht/bankenaufsicht_basel.php)
Fabozzi F (2011) Fixed income securities. McGraw-Hill
Fabozzi F (2012) Bond markets, analysis and strategies. Pearson Education Limited
Fama EF, French K (1993) Common risk factors in the returns on stocks and bonds. J Finan Econ 33(1):1993
Flad M, Günther P, Schittenhelm FA (2012) Finanzmanagement. ProBusiness, Berlin
Flad M, Günther P, Schittenhelm FA (2013) Investments. ProBusiness, Berlin
Franke G, Hax H (2004) Finanzwirtschaft des Unternehmens und Kapitalmarkt, 5. Aufl. Springer, Berlin
Gabler Verlag (Hrsg) (2012) Gabler Wirtschaftslexikon. Gabler
Gasior S, Schittenhelm FA (2012) Mehr als nur ein Modewort – Wie nachhaltige Finanzierungskonzepte in Zukunft aussehen könnten. VentureCapital Magazin Juli(2012):24–25
Gleißner W (2004) Die Aggregation von Risiken im Kontext der Unternehmensplanung. Zeitschrift für Controlling & Management 5/2004:350–359
Gleißner W, Romeike F (2005) Risikomanagement – Umsetzung, Werkzeuge, Risikobewertung. Haufe Verlag, Planegg
Gleisner W, Füsner K (2003) Leitfaden Rating, 2. Aufl. Verlag Franz Vahlen, München
Gleißner W, Romeike F (2005) Anforderungen an die Softwareunterstützung für das Risikomanagement. Zeitschrift für Controlling & Management 2/2005:154–164
Gleißner W (2011) Grundlagen des Risikomanagements im Unternehmen: Controlling, Unternehmensstrategie und wertorientiertes Management. Verlag Franz Vahlen, München
Gottswinter C (2010) Risikomanagement der Banken: Vergleichende Analyse der Deutschen Bank, Commerzbank und Hypo Vereinsbank. Diplomica Verlag
Götze U (2008) Investitionsrechnung. Modelle und Analysen zur Beurteilung von Investitionsvorhaben, 6. Aufl. Springer, Berlin
Gondring H (2007) Risiko Immobilie. Oldenbourg Verlag, München
Groll K-H (2003) Kennzahlen für das wertorientierte Management. München, Wien
Günther P, Schittenhelm FA (2003) Investition und Finanzierung. Schäffer-Poeschel Verlag, Stuttgart

Hakanoglu E, Kopprasch R, Roman E (1989) Constant proportion portfolio insurance for fixed-income investment. J Portfol Manage
Hauschildt J, Salomo S (2007) Innovationsmanagement, 4. Aufl. Verlag Franz Vahlen, München
Hauser S (1992) Management von Portfolios festverzinslicher Wertpapiere. Fritz Knapp Verlag, Frankfurt am Main
Hettich G, Jüttler H, Luderer B (2007) Mathematik für Wirtschaftswissenschaftler und Finanzmathematik, 9. Aufl. Oldenbourg Verlag, München
Holzer C (1990) Anlagestrategien in festverzinslichen Wertpapieren. Gabler, Wiesbaden
Horvath P (2004) Controlling, 9. Aufl. Verlag Franz Vahlen, München
Hull J (2012) Option, Futures und andere Derivate. Pearson Studium
Jakoby W (2012) Projektmanagement für Ingenieure: Ein praxisnahes Lehrbuch für den systematischen Projekterfolg. Springer Vieweg
Jost C (1995) Asset Liability Management bei Versicherungen. Gabler, Wiesbaden
Kästner M (2012) Risikomanagement im Mittelstand: Anforderungen und Ausgestaltung quantitativer Risikosteuerung. Josef Eul Verlag
Klein A (2011) Risikomanagement und Risiko-Controlling: Moderne Instrumente, Grundlagen und Lösungen. Haufe-Lexware
Kroll M, Hochrein M (1993) Festverzinsliche optimal managen: Rendite, Risiko, Steuern. Gabler, Wiesbaden
Kruschwitz L (2011) Investitionsrechnung, 13. Aufl. Oldenbourg-Verlag, München
Lam J (2003) Enterprise Risk Management, Hoboken
Leibfried P, Weber I (2003) Bilanzierung nach IAS/IFRS. Ein Praxisleitfaden für die Umstellung – mit Fallbeispielen und Checklisten. Gabler
Leibowitz M (1986) The dedicated bond portfolio in pension funds, part II: immunization, horizon matching and contingent procedures. Finan Analysts J
Leibowitz M, Kogelman S (1991) Asset allocation under shortfall constraints. J Portfolio Manag
Leibowitz M, Weinberger A (1982) Contingent immunization, part I: risk control procedures. Financ Anal J
Leibowitz M, Weinberger A (1983) Contingent immunization, part II: problem areas. Financ Anal J
Lisges G, Schübbe F (2004) Personalcontrolling. Haufe Verlag, Freiburg
Macaulay F (1938) Some theoretical problems suggested by the movements of interest rates, bond yields and stock prices in the United States since 1856. National Bureau of Economic Research, New York
Markowitz H (1952) Portfolio Selection. J Finance 7
Markowitz H (1959) Portfolio selection: efficient diversification of investments. Wiley, New York
McGuigan J, Kretlow W, Moyer RC (2009) Contemporary corporate finance. South-Western
Megginson W, Smart S, Lucey B (2008) Introduction to corporate finance, South-Western
Meier P (2011) Risikomanagement nach der internationalen Norm ISO 31000:2009: Konzept und Umsetzung im Unternehmen. Expert-Verlag
Merton R (1973) Theory of rational option pricing. Bell J Econ Manage Sci 4
Nonnenmacher D, Schittenhelm FA (1997) Ist die aktienindexgebundene Lebensversicherung tot für deutsche Anbieter? Versicherungswirtschaft 7:435–437
Olfert K, Pischulti H (2007) Unternehmensführung, 4. Aufl. Ludwigshafen (Rhein)
Olfert K, Reichel C (2006) Investition, 10. Aufl. Kiehl-Verlag, Ludwigshafen
Pechlaner H, Fischer E, Priglinger P (2006) Die Entwicklung von Innovationen in Destinationen – Die Rolle der Tourismusorganisationen. In: Pikkemaat B, Peters M, Weiermair K (Hrsg) Innovationen im Tourismus – Wettbewerbsvorteile durch neue Ideen und Angebote. Erich Schmidt Verlag, Berlin, S 121–136
Perold A (1986) Constant proportion portfolio insurance. Harvard Business School

Perridon L, Steiner M, Rathgeber A (2012) Finanzwirtschaft der Unternehmung, 16. Aufl. Verlag Franz Vahlen, München
Peemöller V (2002) Controlling 4. Aufl. Verlag Neue Wirtschafts-Briefe, Herne
Prätsch J, Schikorra U, Ludwig E (2007) Finanzmanagement, 3. Aufl. Springer
Redington FM (1952) Review of the principle of life-office valuations. J Inst Actuar
Richtlinie 2009/138/EG „Richtlinie des europäischen Parlaments und des Rates betreffend die Aufnahme und Ausübung der Versicherungs- und der Rückversicherungstätigkeit (SOLVABILITÄT II)" vom 25.November 2009
Romeike F, Hager P (2009) Erfolgsfaktor Risiko-Management 2.0. Methoden, Beispiele, Checklisten. Praxishandbuch für Industrie und Handel. Gabler
Romeike F, Brühwiler B (2010) Praxisleitfaden Risikomanagement: ISO 31000 und ONR 49000 sicher anwenden. Schmidt, Berlin
Rommelfanger H, Eickemeier S (2002) Entscheidungstheorie. Klassische Konzepte und Fuzzy-Erweiterungen. Springer, Berlin
Ross S, Westerfield R, Jordan B (2011) Fundamentals of corporate finance, 9. Aufl. McGraw-Hill
Roy A (1952) Safety First and the Holding of Assets. Econometrica 20
Ryan B (2007) Corporate finance and valuation. Thomson
Sartor FJ, Bourauel C (2012) Risikomanagement kompakt: In 7 Schritten zum aggregierten Nettorisiko des Unternehmens. Oldenbourg Wissenschaftsverlag
Schäfer H (2002) Unternehmensfinanzen. Grundzüge in Theorie und Management, 2. Aufl. Physica-Verlag, Heidelberg
Schäfer H (2005) Unternehmensinvestitionen. Grundzüge in Theorie und Management, 2. Aufl. Physica-Verlag, Heidelberg
Schittenhelm FA, Wengert H (2009) Knackpunkt Rating, Zeitschrift für immobilienwirtschaftliche Forschung und Praxis:2–5
Schittenhelm FA (2010) Solvency II. In: Euroforum (Hrsg) Risikomanagement für Versicherungen
Schmitz T, Wehrheim M (2006) Risikomanagement: Grundlagen – Theorie – Praxis. Kohlhammer
Schneck O (2010) Risikomanagement: Grundlagen, Instrumente, Fallbeispiele. Wiley-VCH Verlag
Scholz W (1985) Die Steuerung von Zinsänderungsrisiken und ihre Berücksichtigung im Jahresabschluß der Keditinstitute. In: Schierenbeck H & Wielens H (Hrsg) Bilanzstrukturmanagement in Kreditinstituten, Fritz Knapp, Frankfurt a. M.
Schubert T (2009) Solvency II im Überblick. 13. Versicherungswissenschaftliches Fachgespräch, 10.09.2009, Berlin
Schubert T (2009)
Schubert T, Grießmann G (2004) Solvency II = Basel II + X, Versicherungswirtschaft 18:1402
Schubert T, Grießmann G (2004) Solvency II – Die EU treibt die zweite Phase des Projekts voran, Versicherungswirtschaft 7:470 ff.
Sharpe W (1963) A simplified model for portfolio analysis. Manage Sci 9
Sharpe W (1964) Capital asset prices: a theory of market equilibrium under conditions of risk. J Finance 19
Sharpe W (1970) Portfolio theory and capital markets. MacGraw-Hill Book Company, New York
Spremann K (1996) Wirtschaft, Investition und Finanzierung, 5. Aufl. Oldenbourg Verlag, München
Spremann K (2008) Portfoliomanagement. Oldenbourg Verlag, München
Steyer S (2012) Risiko- und Money-Management: Der Schlüssel für erfolgreiche Trader und Anleger. Börsenmedien – Börsenbuchverlag
Stiefel J (2008) Finanzmanagement unter besonderer Berücksichtigung kleiner und mittelständischer Unternehmen, 2. Aufl. München
Stöger R (2011) Innnovationsmanagement für die Praxis: Neues zum Markterfolg führen. Schäffer-Poeschel Verlag, Stuttgart

Literaturverzeichnis

Trautmann S (2007) Investitionen. Bewertung, Auswahl und Risikomanagement, 2. Aufl. Springer, Berlin

Vahs D (2009) Organisation. Ein Lehr- und Managementbuch, 7. Aufl. Schäffer-Poeschel Verlag, Stuttgart

Vahs D, Burmester R (2005) Innovationsmanagement. Von der Produktidee zur erfolgreichen Vermarktung, 3. Aufl. Schäffer-Poeschel Verlag, Stuttgart

Vanini U (2012) Risikomanagement: Grundlagen – Instrumente – Unternehmenspraxis. Schäffer-Poeschel Verlag, Stuttgart

Vollmuth HJ (2008) Controllinginstrumente von A – Z, 7. Aufl. Haufe Verlag, Planegg

Wanner R (2009) Risikomanagement für Projekte (Kompakt-Wissen): Die wichtigsten Methoden und Werkzeuge für erfolgreiche Projekte. (Books on Demand)

Weber D (2009) Risikopublizität von Kreditinstituten. Gabler Wiesbaden

Weber J, Weißenberger B (2006) Einführung in das Rechnungswesen, 7. Aufl. Stuttgart

Weber W, Kabst R (2006) Einführung in die Betriebswirtschaftslehre, 6. Aufl. Wiesbaden

Weis U (2011) Risikomanagement nach ISO 31000 – Risiken erkennen und erfolgreich steuern. Weka Media

Wengert H (2000) Gesamtunternehmensbezogenes Risikomanagement bei Lebensversicherungsunternehmen. IFA Verlag, Ulm

Wielens H (Hrsg) (1985) Bilanzstrukturmanagement in Kreditinstituten. Fritz Knapp, Frankfurt a. M.

Wildemann H (2011) Innovationsmanagement – Leitfaden zur Einführung eines effektiven und effizienten Innovationsmanagements, 11. Aufl. TCW Transfer-Centrum für Produktions-Logistik und Technologie-Management GmbH & Co. KG, München

Wöhe G, Bilstein J (2002) Grundzüge der Unternehmensfinanzierung, 9. Aufl. Verlag Franz Vahlen, München

Wöhe G (2010) Einführung in die Allgemeine Betriebswirtschaftslehre, 24. Aufl. Verlag Franz Vahlen, München

Wolke T (2008) Risikomanagement. Oldenbourg Wissenschaftsverlag

Ziegenbein K (1989) Controlling, 3. Aufl. Ludwigshafen (Rhein)

Internetquellen

http://www.handelsblatt.com/unternehmen/banken/ratingagentur-sundp-gibt-sich-nach-klagekaempferisch/7773008.html. Zugegriffen: 6. März 2013

http://www.spiegel.de/wirtschaft/unternehmen/umstrittene-bonitaetsbewertungen-rating-agenturen-rechnen-mit-klagewelle-a-694066.html. Zugegriffen: 6. März 2013

http://www.focus.de/finanzen/news/mit-neuen-produkten-an-die-weltspitze-handyhersteller-nokia-gibt-imageproblem-zu_aid_840574.html. Zugegriffen: 16. März 2013

http://www.zeit.de/wirtschaft/2010-07/stresstest-banken-reaktionen. Zugegriffen: 6. März 2013

http://www.ecgi.org/codes/all_codes.php. Zugegriffen: 16. März 2013

http://www.coso.org. Zugegriffen: 16. März 2013

www.stooq.de/q/?s=cl.f. Zugegriffen: 16. März 2013

Sachverzeichnis

A
Abzinsungsfaktor, 43, 46
Aktie, XVII, 39, 48, 49, 98, 116
Aktiva, 20–22, 80–82, 93
ALM-Studie, 21, 23
Anleihe, 46, 56, 58, 61, 97, 98
Asset-Liability Management, 20, 21, 23, 24, 52, 91
Ausfallrisiko, 30, 61
Ausfallwahrscheinlichkeit, 36, 58, 59, 63–65

B
Bank, 26, 33, 55, 87, 88, 96, 98–102, 115
Barwert, 40, 42, 44, 46
Basel I, 97, 99, 100
Basel II, 95, 97–101, 103, 108–110
Basel III, 95, 101, 102
Berichtswesen, 89, 90
Beta, 38, 50, 51
Bilanz, 27, 31, 38, 52, 97
Bilanzrisiko, 31
Bonds, 46, 116
Bonität, 27, 28, 30, 59, 60, 97, 99, 100, 115
Break-Even, 39

C
Call, XVII, 47–49, 116
CAPM, 39, 50, 51
Cash, 36
Compliance, 8, 9
Controlling, 7, 11, 18, 89
Copula, 75–77
Corporate Governance, 8, 9, 20
CPPI, XVII, 83–85
Cushion, 84, 85

D
Default, 61, 109
Diskontierung, 42
Duration, 42, 43, 45, 56–58, 80, 81
Durationslücke, 80–82

E
Ergänzungskapital, 101, 102
Ertrag, 20, 71
Erwartungswert, 40, 64, 65, 69, 71, 72, 112–114
Exposure, 84, 85

F
Faltung, 72, 73, 75, 77
Finanzierung, 52, 53, 61, 96, 101
Finanzkrise, 1, 61, 91, 97, 101
Finanzmanagement, 3
Floor, 84, 85
Forward, 82, 115
Future, 82, 83, 115

G
Gesamtrisiko, 66, 75, 78, 110
Gesellschaft, 2, 5, 34
Gewinn, 2, 33, 82, 85

H
Hedge, 82, 83, 86

I
Immunisierung, 81
Innovationsmanagement, 6

Innovationsprozess, 6, 7
Investition, 38, 39, 56, 84, 85, 96

J
Jahresabschluss, 18, 96, 99

K
Kapitalerhaltungspuffer, 101, 102
Kapitalmarkt, 16, 27, 28, 50
Kapitalwert, 39, 51
Kernkapital, 101, 102
Kernkapitalquote, 101, 102
KonTraG, 9, 10, 87
Konvexität, 44–46, 81
Korrelation, 50, 70, 73, 83
Kosten, 3, 11, 32
Kredit, 27, 28, 31
Kreditwürdigkeit, 59, 61, 96
Kursrisiko, 29–31, 56

L
Laufzeit, 28, 41, 47, 58, 84, 86, 96
Liquidität, 52, 53
Liquiditätsgrad, 53
Lower Partial Moment, 63, 64

M
Macaulay Duration, 56–58
Management, 5, 10–12, 15, 16, 18–21, 24, 81, 85, 90, 91
MARisk, 10
Marktrisiko, 29, 32, 35, 105, 110
Marktwert, 93
Mean Excess Loss, 64, 65
Mindestkapitalanforderung, 97, 104, 106, 108
Modified Duration, 42–46, 57, 58, 80, 81
MPL, 59

N
Nachhaltigkeit, 1, 4, 5, 8
Nominalwert, 41
Normalverteilung, 73, 92

O
Operatives Risikomanagement, 25

Option, 47, 49, 86, 116

P
Passiva, 20–22, 80–82
Personalrisiko, 33, 35
PML, 59
Portfoliotheorie, 50, 67, 68, 70, 72, 73, 75, 77
Produktion, 2, 26, 30–33
Prozessrisiko, 32
Put, XVII, 47–49, 63, 86, 116

R
Rückversicherung, 109
Rating, 59–62, 74, 92, 98–100, 102
Rating-Agentur, 59–62, 74, 97, 98
RBC, 74
Rechnungswesen, 18, 38, 87
Rendite, 21, 50, 51, 63–65, 69–72, 82, 83
Risiko, 2–6, 9, 11, 16, 19–21, 25, 27, 28, 30–32, 34–36, 38, 40–42, 49–51, 58, 59, 62, 63, 67, 69–72, 82, 86, 90, 96, 105–107, 110, 116
externes, 34
Risiko-Rendite, 4, 5, 63, 67, 70, 71
Risikoüberwachung, 19, 25, 87
Risikoausschuss, 14, 15
Risikobericht, 10
Risikobewertung, 17, 19, 25, 31, 36, 52, 54, 59, 66
Risikocontrolling, 9, 17, 19, 25, 31, 34, 78
Risikohandbuch, 16, 17
Risikoidentifizierung, 4, 19, 25
Risikokosten, 11, 16
Risikomanagement, 1–11, 13–20, 24–26, 35, 62, 80, 87–90, 95, 96, 107, 114
strategisches, 11
Risikomanagement-Software, 17
Risikomanager, 13–16, 19, 27, 90
Risikoreduktion, 4, 70, 80
Risikoschema, 25, 35
Risikosensibilität, 15
Risikosteuerung, 25, 79, 80, 88
Rohstoffrisiko, 31

S
S&P, 60–62
Schätzung, 113, 114
Sensitivitätsanalyse, 39

Sachverzeichnis

Shortfall, 63
Sicherheit, 62, 96, 97, 114, 115
Solidität, 97
Solvabilität, 10, 95
Solvency, 10, 95, 103, 104, 106–110
Solvenzkapitalanforderung, 104–106, 108
Standardabweichung, 38, 40, 41, 49, 50, 63, 65, 67, 69–72, 113, 114
Stress-Test, 91
Szenario-Rechnung, 39, 56

T

Taylorentwicklung, 43, 44
Technologierisiko, 32, 35
Termingeschäft, 82, 83, 115
Tier, 101

U

Ungewissheit, 3, 38
Unsicherheit, 40
Unternehmen, 1–13, 15–18, 20, 21, 24–28, 30–35, 51, 59–62, 74, 78, 82, 87, 89–91, 93–98, 100, 102, 106–108, 116
Unternehmenswert, 1, 4, 5, 16

V

Versicherung, 26, 79, 86
Volatilität, 38, 47, 48, 51, 63, 64, 72

W

Währungsrisiko, 30
Wertpapier, 41

Z

Zahlungsreihe, 46
Zerobonds, 58
Ziel, 2, 4, 9, 11, 20, 21, 54, 108, 109
Zielgrößen-Änderungsrechnung, 39
Zielstruktur, 2, 3
Zins, 39, 44, 48, 56, 57, 61
Zinsänderungsrisiko, 27–30, 41, 54–56, 82, 83
Zinsbindungsbilanz, 54, 56

The manufacturer's authorised representative in the EU is Springer Nature Customer Service Centre GmbH, Europaplatz 3, 69115 Heidelberg, Germany. If you have any concerns regarding our products, please contact ProductSafety@springernature.com

Printed and bound by CPI Group (UK) Ltd, Croydon, CR0 4YY
23/03/2026
02076400-0020